Endlich raus!

Andrea Schimek

Styria
VERLAG

Inhalt

ABENTEUER

IM WINTER

RUND UM GRAZ

Sorgfältig getestet von den Experten
Lilly & Tim

NOTRUF
140

Vorwort

Endlich raus und rein in die Natur!

Das Wandern mit Kindern macht sehr viel Freude, denn es ist schön, gemeinsame Wege zu gehen. Gemeinsam Berührtsein von schöner Landschaft, Licht und Wolkenstimmungen.

Wandern ist aber langweilig, sagen viele Kinder. Dazu meint Tim: „Manchmal habe ich vorher keine Lust zum Wandern, aber wenn wir dann dabei sind, macht's mir eigentlich immer Spaß!"

Ich denke, Kinder sind an sich sehr gerne in der Natur. Es geht darum, das Wandern kindgerecht zu gestalten. Abstand zu nehmen vom sportlichen Ehrgeiz und sich einzufühlen in die Welt der Kinder.
Die Kunst, sich Zeit zu nehmen! Das Spielen in der Natur zulassen. Es macht mehr Spaß, im Bach von Stein zu Stein zu hüpfen, als am Weg zu gehen. Wenn da gerade eine tolle Felswand ist, soll sie auch ausgiebig beklettert werden.

Manche Touren in diesem Buch sind daher nur etwas längere Spaziergänge, so bleibt genug Zeit, sich ausgiebig aufhalten zu lassen. Die Zeitangaben entsprechen aber der reinen Gehzeit, in Bedacht darauf, dass Kinder mitgehen. Die Wege sind so gewählt, dass sie viele Anreize enthalten, die Kindern besonders gefallen: Burgen, Wasser, Schluchten, Spielplätze ... Die Altersangaben sind dabei subjektive Einschätzungen und sollen nur ungefähr den Grad der Herausforderung definieren.

Die Steiermark bietet unzählige Möglichkeiten für Wanderungen und Ausflüge zu allen Jahreszeiten. Alle hier beschriebenen Wege wurden von mir und meiner Familie begangen und getestet.

In diesem Sinne: Auf nach draußen, die Wanderlust ist groß!

Andrea Schimek

Caterpillar crossing

„Wer nicht vom Fliegen träumt, dem wachsen keine Flügel"

Robert Lerch (*1938)
Schweizer Lyriker

AM BERG

Aufsteig'n & in die Welt schauen

Wie oft waren wir schon oben?
100 Mal vielleicht?
Es soll auch Leute geben, die täglich
raufmarschieren ...

IMMER WIEDER AUF DEN Schöckl

Ein wahres Multitalent: zu jeder Jahreszeit bezwingbar, ob mit großen oder kleinen Kindern oder mit den Allerkleinsten in der Kraxe.

Schön: Im Spätherbst den ersten Schnee des Jahres erleben oder im Sommer einmal ganz früh aufstehen und beobachten, welche Tiere schon wach sind: Zuerst hört man die Vögel, dann brummen die Hummeln und auch die Ameisen krabbeln schon herum.

Der Schöckl ist ein „richtiger" Berg – mit seinen 1445 Höhenmetern, steil von allen Seiten! Oben ist es schon richtig almig, wenn im Sommer die Schöcklkühe grasen und die Kuhglocken läuten. Dafür lieben wir ihn!

Der 100 m hohe Sendeturm am Gipfel

Mehrere gute Einkehrmöglichkeiten: Das Stubenberghaus mit großer schöner Terrasse, das Alpengasthaus und das Gasthaus zur Bergstation (Klassisch: Eierspeis und Häferlkaffee nach morgendlichem Aufstieg) oder die gemütlich, rustikale Halterhütte.

Der hausgemachte Beeren-Topfen-Strudel von der Schöcklstube in der Talstation der Seilbahn – perfekt zum Mitnehmen nach der Wanderung!

3 Wege führen hinauf:
(... und viele andere auch)

1. Der Kurze

Start: Parkplatz Schöcklkreuz
Gehzeit: ca. 1–1,5 Stunden
Länge: 2 km
Schwierigkeit: mittelschwer
Wegbeschaffenheit: Wald- und Felswege
Kinder: ab 6 Jahren 6+

2. Der Sportliche

Start: Seilbahn Talstation
Gehzeit: ca. 1–1,5 Stunden
Länge: 2,8 km
Schwierigkeit: sehr steil
Wegbeschaffenheit: Fels- und Schotterweg
Kinder: ab 3 Jahren 3+

3. Der Gemütliche

Start: Seilbahn Talstation
Gehzeit: ca. 2–2,5 Stunden
Länge: 4 km
Schwierigkeit: mittelschwer
Wegbeschaffenheit: Wald- und Schotterweg
Kinder: ab 3 Jahren 3+

▶ Klettern macht Spaß: Vom **PP Schöcklkreuz über den Jägersteig.** Am Jägersteig sind einige Kletterpassagen (Vorsicht!). Für Kinder ab ca. 6 Jahren geeignet. Mit kleineren Kindern kann man den Steig auch umgehen. Dieser Weg endet am Ostgipfel. Hier kann man auf der sonnwärts gerichteten Wiese die Drachenflieger und Paragleiter beim Starten beobachten.

▶ Der Weg unter der **Seilbahntrasse** geht steil bergauf! Kein Problem: Über Felsen zu kraxeln macht Kindern meist mehr Spaß als gleichmäßiges Gehen. Kondition haben die meisten Kids sowieso mehr, als man glaubt. Auch fein als Sportevent am Sonntagmorgen (für Mamas alleine zu empfehlen): Raufgeflitzt, mit der Seilbahn runter und zu Mittag wieder zu Hause.

▶ Der **Wanderweg 21** ist die Hauptroute auf den Schöckl. Von der Talstation der Seilbahn führt der Weg, weniger steil als die Trasse, gut beschildert bergan. Unser Weg der Wahl zum Runtergehen, denn der Trassenweg ist bergab wegen des Gerölls wenig bequem. Tipp im Spätsommer: Im letzten Drittel des Weges nach Himbeeren ausschauen!

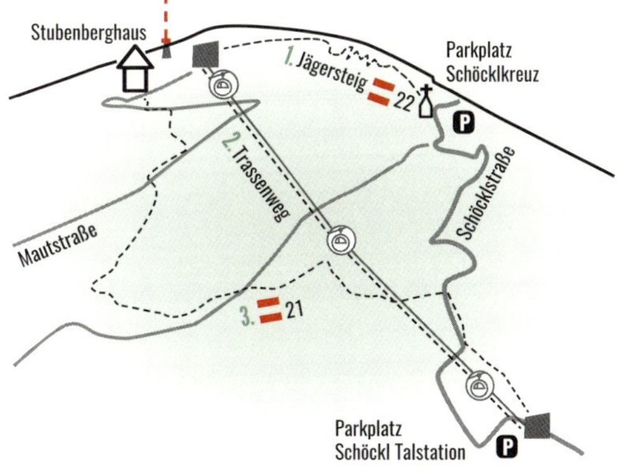

Steil bergan am Trassenweg

Am Gipfelplateau, gleich hinter dem Sender, befindet sich ein kleiner Motorikpark! Interessant für größere Kinder: Am Fuß des Schöckls, gleich gegenüber der Gondel-Talstation, gibt es einen Kletterpark mit 4 Kletter-Parcours. www.kletterpark-schoeckl.at

GEHT SCHON – GEMMA – VOLLGAS!

Ein weiteres Highlight für Kids am Schöckl – der Hexenexpress! Mit der Sommerrodelbahn über die Almwiese flitzen! Kinder ab 8 Jahren dürfen alleine fahren, jüngere mit den Eltern oder mit älteren Geschwistern. Die Strecke ist nicht sehr lang, dafür ist der Preis für die Fahrt vergleichsweise günstig!

WANDERN MIT FREUNDEN

Kinder lieben es, in der Gruppe zu gehen. Gemeinsam mit Freunden macht's einfach viel mehr Spaß! Auch für Kinder gilt: Beim Gehen kann man wunderbar miteinander reden oder sich zerkugeln vor Lachen, weil man so viel Spaß miteinander hat! Ein Rezept, wenn Kindern die Lust am Wandern fehlt: Schulfreunde zum Mitkommen einladen!

Unterwegs mit Paul-Anton und Flo

Grenzen überschreiten – über der Baumgrenze der blanke Fels, nur die Wurzeln der Latschen schlängeln sich am Weg entlang.

VON DER TEICHALM ZUM

Hochlantsch

Die höchste Erhebung im Grazer Bergland (1720 m Höhe) zeigt zwei Seiten: Die südliche Seite präsentiert sich als sanft bewaldeter Hügel, während die Nordseite in schroffen, über 300 m hohen Felswänden aufragt.

Am Hochlantsch-Gipfel endet auch ein Klettersteig. Hohe Felswände, spektakuläre Aussicht und richtig tiefe Abgründe. Da der Weg hinauf trotzdem relativ einfach zu bewältigen ist, kann man hier mit Kindern die Faszination der Bergwelt erleben.

DER STEIRISCHE JOKL

Terrasse mit atemberaubendem Ausblick beim Steirischen Jokl

Almwiesen-Blüte

4. VON DER TEICHALM AUF DEN HOCHLANTSCH

HOCH HINAUS

Start + Ziel: Teichalm, Parkplatz
Gehzeit: ca. 3 Stunden
Länge: 12 km
Schwierigkeit: mittelschwer, Vorsicht im Gipfelbereich – Absturzgefahr!
Einkehr: GH Guter Hirte, Steirischer Jokl, mehrere Gasthäuser auf der Teichalm
Wegbeschaffenheit: Wald-, Alm- und Felswege
Kinder: ungefähr ab 7 Jahren

7+

Vom Parkplatz am Teichalmsee führt ein breiter Almweg in westlicher Richtung gut beschildert am Mixnitzbach entlang. Wir passieren schöne Almwiesen und treffen viele Kühe, bis der Weg im Wald in einen leichten Anstieg übergeht. Jetzt könnte man einen kleinen Abstecher zum Gasthaus „Guter Hirte" unternehmen, auf direktem Weg kommt man bald beim Gasthaus „Steirischer Jokl" vorbei, wo sich eine Einkehr anbietet. Von der Terrasse bietet sich der Blick zum Gipfel mit dem Gipfelkreuz. Direkt von der Terrasse führt ein Weg über einige Stufen hinab zum kleinen Wallfahrtskirchlein Schüsserlbrunn, das sich hier unter die mächtige Felswand duckt. Nach der Rast steigt der Pfad nun in Serpentinen steil bergan. Der Wald wird immer lichter, bis nur noch die Latschen stehen und wir schließlich die Baumgrenze überschreiten. Der Weg verläuft nun am blanken Fels. Die Ausblicke und Abgründe sind beeindruckend! Jetzt ist es nur noch ein kurzes Stück und der Gipfel mit dem Kreuz ist erreicht. Hier ist absolute Vorsicht geboten! Es besteht Absturzgefahr! Herumtollen ist lebensgefährlich, das muss für Kinder klar sein. Der Abstieg führt in östlicher Richtung erst entlang des Höhenrückens und dann steil durch den Wald zur Teichalm zurück. Der Weg ist in der gesamten Länge gut beschildert.

Über den felsigen Grat Richtung Gipfel!

Das Kirchlein Schüsserlbrunn

Vorsicht an den Felskanten!

WO DER STEINBOCK ZU HAUSE IST

Die Chancen, einen Steinbock am Weg zu treffen, stehen hier sehr hoch! Wir haben bei unserer Tour gleich fünf Exemplare angetroffen!

Diese Wanderung ist nicht besonders schwierig, einzig der kurze Abschnitt zwischen Steirischem Jokl und Hochlantsch-Gipfel ist steil und anstrengend. Schön ist die Vielfalt der Tour: Tiefer Wald, duftige Almwiesen und schroffer Fels wechseln einander ab.

Blick zum Teichalmsee am Rückweg

DIE WUNDERBARE

Mödlinger Hütte

Übernachten in der Hütte – ein Erlebnis für Kinder! Hier gibt's sogar noch die rot-weiß karierte Bettwäsche. Für uns die schönste Almhütte – leicht erreichbar, in perfekter Almumgebung und richtig große Berge rundum.

Der imposante Reichenstein mit dem Totenköpfl

Wos is?

5. VON DER MÖDLINGER HÜTTE ZUR KLINKE-HÜTTE

VON HÜTTE ZU HÜTTE

Start + Ziel: Mödlinger Hütte
über Mautstraße aus Gaishorn (vom Parkplatz weitere 30 min Gehzeit zur Hütte)
bewirtschaftet Mai bis Ende Oktober
Gehzeit: ca. 4 Stunden (hin und retour)
Länge: 12 km
Schwierigkeit: leichte Wanderung
Einkehr: Mödlinger Hütte, Klinke-Hütte
Wegbeschaffenheit: Wald-, Alm- und Felswege
Kinder: ungefähr ab 6 Jahren

6+

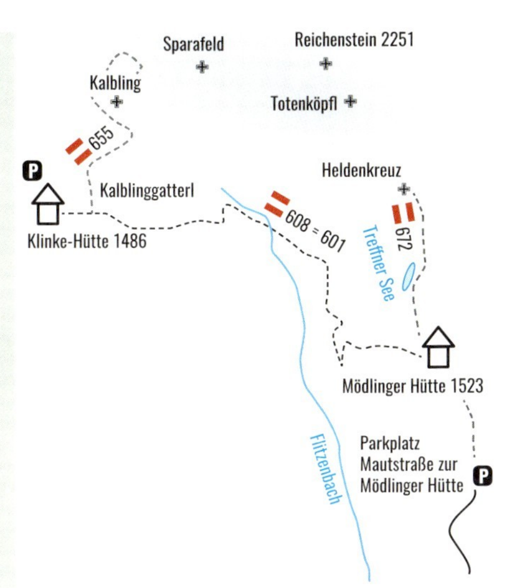

Vor dem Eingang der Hütte sind die Wegweiser zu sehen. Zur Klinke-Hütte führt der Weg 608 (auch 601, parallele Wege) über die Hintere Flitzenalm hinunter. Wir überqueren den Flitzenbach, auf der schönen Almwiese vor dem Bachübergang bietet sich eine Rast an. Auf der Vorderen Flitzenalm steigt der Weg wieder an. Am höchsten Punkt erreichen wir das Kalblinggatterl, wo der Wanderweg 655 zum Kalblingsgipfel kreuzt. Wir halten uns aber westlich und erreichen nach ca. 20 min die Oberst-Klinke-Hütte.

Viele Touren in den Gesäusebergen sind für Kinder zu schwierig. Der Admonter Reichenstein ist ein Ziel für Bergsteiger. Planspitze, auch das Hochtor und andere Gipfel sind Alpinisten vorbehalten. Doch man muss gar nicht diese schwierigen Gipfel erklimmen, um den Zauber der Berge zu spüren.
Sehr eindrucksvoll ist schon die Fahrt von Admont nach Hieflau auf der Gesäusestraße, immer an der brausenden Enns entlang, wo die bunten Kajaks und Kanus im wilden Wasser dahinzischen.

Hüttenübernachtung

In der Hütte übernachten ist für Kinder sehr spannend. Alles ist etwas einfacher und echt. Die üblichen Ablenkungen des Alltags wie Handy, Computer und Fernseher bleiben zu Hause und fehlen niemandem. Das Lieblingsstofftier nehmen wir aber schon mit. Wenn der Himmel klar ist, kann man hier wunderbar „Sternderlschauen". Morgens liegt der Nebel noch über den Almwiesen und die Kuhglocken läuten schon. Schnell vor dem deftigen Hüttenfrühstück noch barfuß durchs Gras sausen. Von der Mödlinger Hütte kann man kurze Spaziergänge zum Heldenkreuz (30 min) oder zum Treffnersee (15 min) unternehmen.
Infos: www.moedlingerhuette.at
www.alpenverein.at/steiermark

Auf der Almwiese hüpfen und tanzen, rennen und wirbeln!

Ein Gewitter zieht auf.

Lichtstimmung auf der Alm

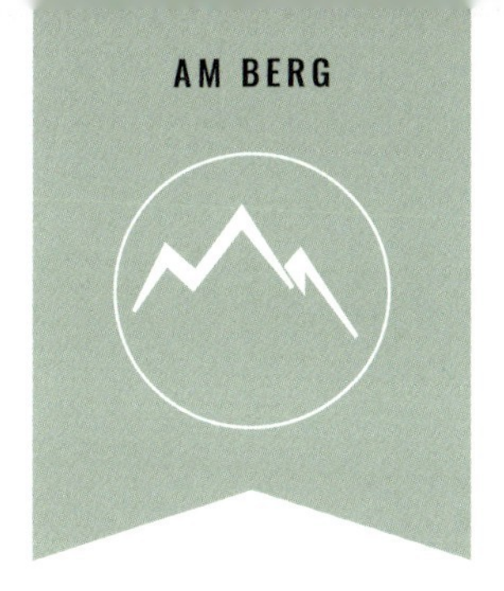

AUF DEN ECHTEN BERG

Der Kalbling

Wow! Der Kalbling! Wenn man da vor dem Felsen steht, ist es kaum zu glauben, dass man hier sogar mit (etwas älteren) Kindern raufgehen kann. Nur etwas für Bergsteiger und Kletterer – aber nein: Der Kalbling ist bezwingbar!

Der Weg quert ungefähr in der Mitte der Wand und führt dann an der Rückseite gar nicht steil zum Gipfel. Eine äußerst spektakuläre Bergtour in schroffer Kalkgebirgslandschaft mit beeindruckenden Ausblicken bis zu den Niederen Tauern und ins Gesäuse. Die beste Tour, um mit Kindern einen großartigen Tag in den Bergen zu erleben.

VORSICHTIG SEIN!

Der Weg ist an einigen Stellen ausgesetzt, Trittsicherheit notwendig!

Tim hat Pilze gefunden.

Alpendohlen und Gämsen

6. VON DER KLINKE-HÜTTE AUF DEN KALBLING

AM GIPFEL

Start + Ziel: Oberst-Klinke-Hütte, Zufahrt über die Mautstraße aus der Kaiserau bei Admont
Gehzeit: ca. 4 Stunden
Länge: 5,2 km, ca. 700 Höhenmeter
Schwierigkeit: schwierige Wanderung
Einkehr: Oberst-Klinke-Hütte
Wegbeschaffenheit: Wald- und Felswege
Kinder: ungefähr ab 7 Jahren,
Vorsicht: Trittsicherheit – Absturzgefahr!

7+

Von der Oberst-Klinke-Hütte führt der Weg 601 zum Kalblinggatterl. Hier wenden wir uns nach links und folgen weiter dem Weg 655, erst über die Almwiese am Waldrand, dann in Serpentinen durch den Latschenwaldgürtel. Die Latschen werden bald weniger und wir queren jetzt unter der Südwand ein steindurchsetztes gerölliges Feld. An dessen Ende treffen wir auf das Gerhard-Bankerl, das von Bergkameraden in Erinnerung an ihren verunglückten Freund hier aufgestellt wurde. Das soll uns mahnen, selbst auch äußerst vorsichtig zu sein, denn jetzt quert der Weg die Westwand und hier gibt es einige ausgesetzte Stellen. Immer bergseitig halten und achtsam bei jedem Schritt! Stehen bleiben, wenn man rundum schauen will! Grandiose Aussichten tun sich auf! Schließlich kommen wir an eine Weggabelung, der Weg ist nun wieder sicherer, links geht's zum Riffl, wir halten uns rechts, vorbei an der Abzweigung zum Sparafeld, ohne Schwierigkeiten zum Gipfel. Der Rückweg ist gleich wie der Aufstieg.
Nur bei besten Bedingungen zu begehen, niemals bei Schnee, Regen oder Nässe.
Die Oberst-Klinke-Hütte gehört dem Österreichischen Alpenverein, wer möchte, kann im Zimmer oder Matratzenlager übernachten.

Zerklüftetes Kalkgebirge

Das Gerhard-Bankerl

Ein unglaubliches Gefühl! Nach der Anstrengung endlich am Ziel! Da kann Tim schon ein bisschen stolz sein.

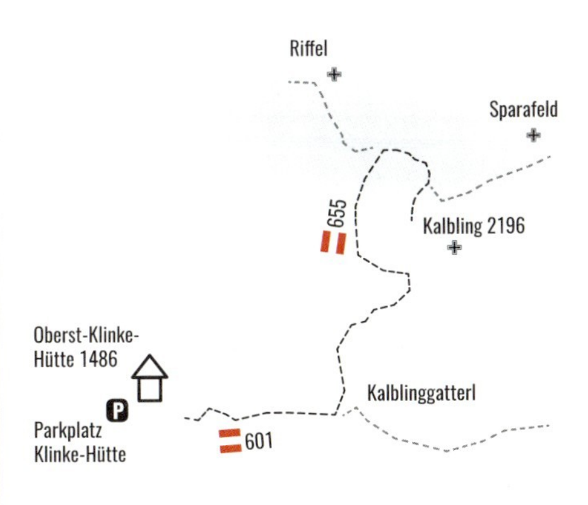

Die „Goldhauben“

VON DER

Weinebene zur Grillitschhütte

Genau an der Grenze zwischen Kärnten und der Steiermark liegt die Weinebene. Diese Wanderung führt zur ungewöhnlichen Grillitschhütte – den Großen Speikkogel auf der Koralm immer im Blick.

Das weitläufige Almgebiet ist im Sommer von vielen Kühen bevölkert. Hunde vielleicht besser zu Hause lassen. Das Besondere ist die Weite über der Baumgrenze, weiche Almböden, keine Felsen. Bequem gehen und weit ausschauen!

Die Grillitschhütte – ungewöhnlicher Rundbau

7. VON DER WEINEBENE ZUR GRILLITSCHHÜTTE

AUF DER HANDALPE

Start + Ziel: Weinebene, Parkplatz
Gehzeit: ca. 2,5 Stunden
Länge: 8 km
Schwierigkeit: einfache Wanderung
Einkehr: Grillitschhütte, Göslerhütte, Almgasthaus Weinofenblick
Wegbeschaffenheit: Almwege
Kinder: ungefähr ab 4 Jahren

Vom Parkplatz auf der Weinebene gehen wir am Gasthaus Weinofenblick vorbei auf dem markierten Weg 20/505. Im Winter verläuft hier die Skipiste. Nach einigen Minuten erreichen wir die erste Anhöhe, den Weinofen mit den Liftstationen. Dann folgen wir dem breiten geschotterten Weg fast flach dahin, genau in Richtung Großer Speikkogel. Man kann die Radaranlagen des Bundesheeres, die sogenannte Goldhaube, am Gipfel erkennen. Schließlich erreichen wir das Grillitschgatter, ein Weidetor, und blicken auf die steile Hühnerstütze, den Aufstieg zum Großen Speikkogel. Zur Grillitschhütte zweigt der Weg aber rechts hinunter und nach weiteren 5 Minuten sind wir am Ziel. Die Grillitschhütte ist bis Ende Oktober bewirtschaftet. Zurück am gleichen Weg oder als Variante über den Moschkogel, am Grillitschgatter, links über den Berg. Nicht markiert, aber durch die offene weite Sicht kann man sich eigentlich kaum verirren.

Das grau-silbrig verfärbte Holz ist typisch für Almgebiete.

TIPP!

Wer kann gut pfeifen?
Ist es noch weit? Wie die Kinder bei Laune halten, wenn sie keine Lust mehr zum Gehen haben? Mit Pfeifen und Singen haben wir schon etliche Kilometer gemacht.

DER WIND, DER WIND ...

Hier oben pfeift der Wind oft ordentlich über die Berge. Nicht umsonst werden hier immer mehr Windräder errichtet. Der Windpark Handalpe zählt schon mehr als zehn Windräder.

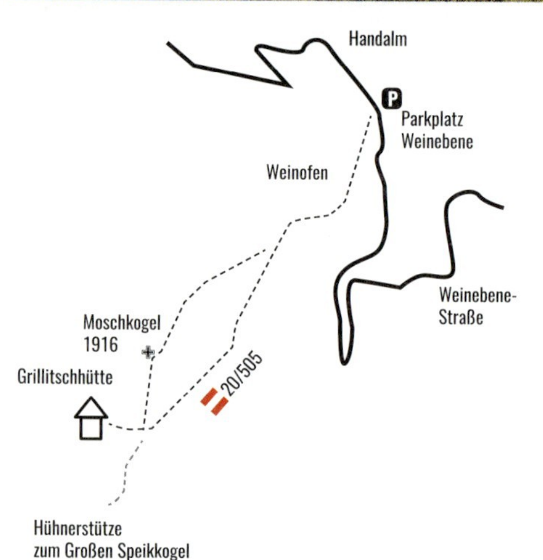

Das Wasser ist schon gefroren!

In die weite Ferne schauen!

Kletterfelsen wollen bezwungen werden.

Herbstlicher Almboden

1. Tiere raten

Ich denk mir ein Tier aus und ihr fragt mich: Ist es ein Säugetier? Hat es ein Fell? Hat es vier Beine? Nein? Dann fragt der Nächste. Wer es errät, denkt sich das neue Tier aus.

Wir wollen spielen!

· 13 SPIELE FÜR DEN WANDERTAG ·

Ist es noch weit? Na klar – Kindern wird manchmal fad beim Wandern. Hier ein paar Anregungen zu Spielen, die man wunderbar im Gehen spielen kann. Wenn gar nix mehr geht? Jetzt Spielpause!

2. Papas Selbergeschichte

Geschichten erzählen! Sehr beliebt ist Selbsterfundenes, wo etwas aus dem Kinderalltag vorkommt: die Abenteuer des Lieblingsstofftiers oder unser Kater ist ein verwunschener Prinz oder als Papa zehn Jahre alt war ...
Oder umgekehrt: Die Kinder erzählen, etwa von dem Buch, das sie gerade lesen, oder einem Film ....

3. Her mit dem Dreck!

Jawohl! Beim Draußenspielen wird man leicht dreckig, so what! Großen Spaß macht es, sich einmal absichtlich in den Dreck zu setzen!

4. Das kleine 1 x 1

Schulkram! Das kleine 1 x 1 lässt sich beim Marschieren wunderbar üben. Macht sogar Spaß. Auch Vokabel lernen oder Ähnliches, im Gehen kann man richtig gut lernen!

5. Dino-ABC

Archaeopteryx, Brachiosaurus, Ceratosaurus, Diplodocus ... Ja, es gibt zu jedem Buchstaben einen Dino! Tims Spiel, er ist der Dino-Experte! Das Thema kann man natürlich nach Interessengebiet variieren: Sport-ABC, Popstar-ABC ....

6. Finde mir 5 lila Blüten!

Finde mir einen Käfer, einen Zapfen, eine Birke ... Sehr beliebtes Spiel! Gefundene Schätze kann man auch mit nach Hause nehmen. Sackerl einpacken!

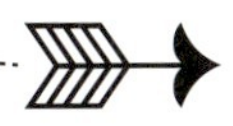

7. Natur-Baumeister

Tolle Bauwerke in der Natur errichten! Etwa Steinmännchen oder ein Zelt aus Stecken und Zweigen oder einen Damm am Bach ...

· 13 SPIELE FÜR DEN WANDERTAG ·

8. Tiere beobachten

Im Wald und auf der Alm gibt es andere Tiere als daheim – Becherlupen oder kleine Gurkengläser sind dafür praktisch.

9. Ein Häuschen für das Mäuschen

Wohnung für Waldtiere einrichten! Nussschalen-Bettchen und Teppich aus Moos, Blätterdach und Zaun aus Hölzchen. Lillys Lieblingsspiel! Sie hat schon Mäusepaläste mit Parkanlagen im Wald errichtet.

10. Singen und pfeifen

Wer kann wie eine Eule pfeifen? Wer kann auf einem Grashalm blasen? Wer kann mit 4 Fingern pfeifen? Gemeinsam Lieder singen macht Spaß!

11. Ja, klettern!

Klettern ist cool, kleinere Felswände wollen bezwungen werden!

12. Spür den Boden!

Ein Stück barfuß gehen macht Spaß! Im Sommer im Bachbett herumstapfen.

13. Basteln

Die Natur bietet Bastelmaterial ohne Ende! Schnitzmesser mitnehmen empfiehlt sich. Auch ein Stück Schnur ist immer wieder nützlich. Rindenschiffchen, Holzbogen und Pfeile, Blumenkränze, Naturmobile .... Oder einfach schönes Material sammeln und zu Hause basteln.

AM WASSER

Wasser ist zum Spielen da!

Pack die Badehose ein!
(außer du fürchtest dich vor der Gelbbauch-Unke)

DIE KLEINE
UND DIE GROSSE

Raabklamm

Die längste Schlucht Österreichs, mit 17 km Länge, ist ein ursprüngliches Naturparadies mit kristallklarem Wasser, steilen Felsen und vielfältiger Tier- und Pflanzenwelt.

Immer am Ufer der Raab entlang, mal links, mal rechts. Man quert den Fluss mehrmals über Brücken und Stege. Unterwegs bieten sich immer wieder Sandbänke und Buchten zum Verweilen, Plantschen und Spielen an.

Der gut markierte Weg der Großen Raabklamm führt durch eine oft wechselnde Landschaft: Im Süden düster und romantisch, der Mittelteil geprägt von steilen Felsen und tosendem Wasser und zum Ende wandert man durch eine schöne, weite Auenlandschaft zum Ziel in Arzberg.

TIPP!

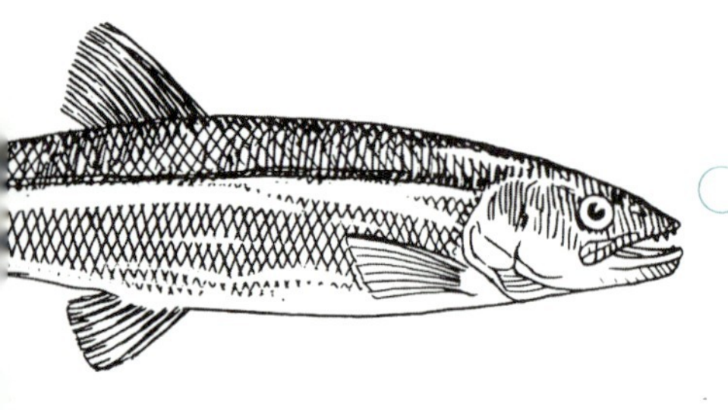

Die Forelle kann was!

Zur Belohnung nach der anstrengenden Wanderung: Der **Forellenwirt in Arzberg** – hier lohnt sich die Einkehr, wunderbare Forellen, aber auch für Veggies gibt's Köstliches!

8. DIE GROSSE RAABKLAMM

FLUSSWANDERN

Einstieg: ehemaliges GH Jägerwirt in Mortantsch (Parkplatz)
Zielpunkt: Arzberg bei Weiz
Streckenwanderung
Gesamtlänge: ca. 10 km
Gehzeit 3,5–4,5 Std. einfache, aber lange Wanderung. Vorsicht: Bei Regen kann der Weg sehr rutschig werden!
Kinder: ungefähr ab 5 Jahren

Vom Parkplatz des GH Jägerwirt führt der gut markierte Weg 765 Richtung Norden. Bald passieren wir das Kraftwerk der Energie Steiermark. (Werft einen Blick auf die Turbine!) Westlich blickt man auf das Schloss Gutenberg. Weiter geht's zur Wehranlage, wo zum ersten Mal die Raab überquert wird. Am linken Ufer weiter bis zum Lehbauersteg, wo wir wieder queren. Jetzt geht's flach und gemütlich bis zum Schreisteg. Hier wechseln wir ein letztes Mal die Seite und erreichen nach weiteren 20 Minuten unser Ziel.
Unterwegs warten jede Menge Abenteuer auf die wissbegierigen Entdecker: Klettereinlagen, steile, mit Seilen gesicherte Passagen und Kiesstrände laden zum Verweilen ein.

Naturschutzgebiet! Die Gelbbauch-Unke ist gefährdet, hier hat sie ihren Lebensraum.

9. DIE KLEINE RAABKLAMM

Einstieg: ehemaliges GH Jägerwirt in Mortantsch (Parkplatz)
Zielpunkt: Mitterdorf an der Raab
Streckenwanderung
Gesamtlänge: ca. 7 km
Gehzeit: 2,5–3 Std. stiller und weniger spektakulär, als die Große Raabklamm, aber genau so idyllisch.
Kinder: ungefähr ab 5 Jahren

5+

Vom Parkplatz des GH Jägerwirt führt der ebenfalls sehr gut markierte Weg Richtung Süden. Wir passieren die Stoffmühle in Kleinsemmering und wandern weiter bis zum Gemeindeamt in Mitterdorf an der Raab.
Es gibt zahlreiche Wegvarianten und alternative Einstiegstellen. Hinweistafeln geben vor Ort Auskunft oder informieren online unter www.raabklamm.at

Rückfahrmöglichkeit:
Taxi Temmel +43 (0)3172/4010
www.taxi-temmel.at

Schiff ahoi!

MIT DEM BOOT AM

Hirzmann-Stausee

**Ein Tag am See.
Die Sonne scheint – das Wasser glitzert – die Grillen zirpen.
Nur das Platschen des Wassers ist zu hören, wenn das Paddel einsticht.**

Glückliche Bootsbesitzer finden am Stausee an der Hirzmann-Sperre ideale Bedingungen, um über den See zu paddeln. Ruderboote kann man hier ausleihen. Der Wald reicht rund um den See bis ans Ufer, doch finden sich genug schöne Anlegestellen für den Landgang. Doch auch ohne Boot lohnt sich der Ausflug – zum Baden im See oder um rund um den See zu spazieren.

10. HIRZMANN-STAUSEE

RUND UM DEN SEE

Start und Ziel: Parkplatz an der Ströhbernen Brücke, Seestraße 137a, Edelschrott
Einkehr: Buffet „Seeblick zur Ströhbernen Brücke" (vermietet Ruderboote)
Gesamtlänge: ca. 8 km
Gehzeit: 2,5 Std. einfache Wanderung
Kinder: ungefähr ab 3 Jahren

3+

Der Hirzmann-Stausee bei Edelschrott ist fast ein Geheimtipp. In wunderschöner Waldlandschaft eingebettet, bietet er ideale Bedingungen zum Wandern, Baden und Bootfahren. Da er aber viel weniger bekannt ist, als sein Nachbar, der Packer Stausee, ist er ideal für alle, die es gern ruhiger haben. Der See liegt auf 800 m Seehöhe, das Wasser ist daher oft frisch! Am beschilderten Weg rund um den See trifft man nur wenige Badegäste und Wanderer und kann die Ruhe der schönen Natur ungestört genießen. Ein Highlight der Wanderung ist die Überquerung der Hirzmann-Sperre. Die 60 Meter hohe Staumauer lässt weit in die Tiefe blicken. Der Stausee dient der Stromgewinnung. Am anderen Ufer geht's genauso beschaulich wieder zurück.. Am Buffet „Seeblick" kann man sich nach der Wanderung stärken. Auch Zelten ist am See erlaubt. Anmeldung dafür im Buffet.

Sommer ist, wenn das Wasser glitzert!

Sommer Sonne Paddelboot

Baden am See: Einen öffentlichen (und gebührenfreien Steg) findet man gleich an der Brücke. Um den See befinden sich einige private Stege und Hütten. Es gibt aber genug einsame, ruhige Plätzchen zum Baden. Am rechten Ufer in ungefähr 500 m Entfernung zur Brücke ragt ein Felsen weit ins Wasser hinaus, wo man aus 2–3 Metern Höhe einen Sprung wagen kann.

DAS WASSER TOST UND BRAUST IN DER

Bärenschütz-klamm

Hundstage im August – laut Wetterbericht steigt die Temperatur bis 35 °! Kein Wetter zum Wandern? Doch, unbedingt! Denn in der schattigen Klamm bleibt es angenehm kühl.

Die Bärenschützklamm führt über Leitern, Brücken und Stege spektakulär durch die Kalksteinschlucht! Ein atemberaubendes Wandererlebnis! Und doch relativ einfach und daher auch für Kinder gut zu begehen.

11. BÄRENSCHÜTZKLAMM

WILDES WASSER

Einstieg: Mixnitz Parkplatz Bärenschützklamm
Auch mit dem Zug gut erreichbar: Bahnhof Mixnitz
Weglänge: 12 km, Gehzeit 3,5–4 Std.
Geöffnet von 1. Mai bis 31. Oktober (07:30 bis 16:00 Uhr)
Erhaltungsbeitrag:
Erwachsene 3,50 € Kinder 2,60 €
Kinder: ab Schulalter

Am Klamm-Einstieg

Vom Parkplatz „Bärenschützklamm" folgen wir erst der Straße (Weg Nr. 745) in den Wald, immer entlang des Mixnitzbaches, recht steil bergauf. Etwa nach einer Stunde erreichen wir den Einstieg zur Klamm, wo sich die Kassa befindet. Ab hier beginnt der 1,4 km lange Steig, der schon 1901 errichtet wurde und vom Österreichischen Alpenverein, Sektion Mixnitz, gewartet wird. Ganz nah kann man die Natur ungezähmt erleben. Die Leitern führen über wild brausende Wasserfälle, zwischen bis zu 200 m hohen Kalksteinwänden, die vom Wasser durchschnitten werden. Am höchsten ist der Wasserstand im Frühling, nach der Schneeschmelze. Im Herbst dagegen ist er gering. Nach dem Ausstieg aus der Klamm erreichen wir, nach kurzem Marsch durch den Wald, das Gasthaus „Zum guten Hirten" mit seiner schönen Sonnenterrasse. Als Rückweg wählen wir den Weg 746, den sogenannten Prügelweg, erst steil in Serpentinen, dann passieren wir Kuhweiden und einen Hof und gelangen zum Klamm-Einstieg zurück. Schließlich gehen wir auf selbem Weg wie beim Aufstieg hinunter zum Parkplatz.

Bärenschütz
NATUR
DENKMAL

IM FRÜHTAU ZU BERGE

Oft lohnt es sich, beim Wandern früh zu starten: Der Wald ist im morgendlichen Licht unvergleichlich schön. Der steile Aufstieg erscheint im Kühlen weniger anstrengend und in der Klamm sind noch weniger Leute unterwegs! Denn an Wochenenden kann es hier schon zu Stausituationen auf den Leitern kommen.

Am Rückweg bieten sich einige Stellen zum Spielen und Plantschen an.

Je mehr Wasser gerade durch die Bärenschützklamm schießt, desto spektakulärer wirkt sie. Am meisten Wasser führt sie im Frühling nach der Schneeschmelze, aber auch nach Regentagen ist der Wasserstand höher. Im Herbst ist die Klamm dagegen trockener.

PICKNICK AM

Grünen See

**Grün und Blau –
die Farben des Wassers.
Ein Licht- und Farbspektakel wie dieses
kann man in solcher Intensität
nur manchmal am Meer erleben.
Augen auf und schauen!**

Dem See soll man etwas Zeit geben. Ein schönes Plätzchen am Ufer suchen, hinsetzen und zuschauen. Die Farben und die Sicht auf den Grund verändern sich in Sekunden. Der Moment, wenn die Sonne durch die Wolken bricht, ist unvergleichlich!
Plötzlich ist da solch ein Leuchten, die Farben strahlen in den stärksten Türkis-, Grün- und Blaunuancen und die kleinsten Kiesel sind am Grund erkennbar. Welch eine Pracht! Im nächsten Augenblick wieder vergangen.

Manche sagen die Karibik der Hochsteiermark.

12. RUND UM DEN GRÜNEN SEE

FARBENPRACHT

Start + Ziel: Parkplatz Grüner See, kostenpflichtig, Pkw 4 € pro Tag
Gehzeit: Weg um den See ca. 1,5 Stunden
Länge: 3,6 km
Schwierigkeit: leichter Spazierweg
Einkehr: GH Seehof
Wegbeschaffenheit: Waldweg
Kinder: für die ganze Familie
www.tragoess-gruenersee.at

Der Rundweg beginnt am Parkplatz Grüner See. Wir folgen der Straße bis zum Pfarrerteich und weiter zum Kreuzteich. Die Schotterstraße führt weiter zum Gasthaus Seehof. Direkt hinter dem Gasthaus liegt der See. Man sieht schon das herrliche Grün durch die Bäume schimmern. Der Grüne See zeigt sich von Mai bis in den Spätsommer von seiner schönsten Seite. Im Herbst geht der Wasserspiegel zurück und im Winter verschwindet das Wasser fast gänzlich. Der See ist ein reiner Schmelzwassersee und damit von Niederschlag und Schneemenge bestimmt. Mit dem Einsetzen der Schneeschmelze auf den Bergen ringsum, beginnt sich der See zu füllen. Manchmal steht das Wasser so hoch, dass der Weg um den See überschwemmt wird. Das Wasser ist glasklar und eiskalt! Ganz Mutige springen ins Wasser!

Der schönste Platz für ein Picknick am See

WIR LIEBEN PICKNICKS!

Der Grüne See ist ein Platz zum Verweilen, seine Schönheit offenbart sich umso stärker, wenn man sich niederlässt und ihm Zeit gibt. So kann man die Veränderung der Farben und des Lichts sehen. Nun ist das Verweilen und Innehalten für Kinder oft schwierig. Da hilft das Picknick: Decke aufbreiten, Lieblingsjause verspeisen und so ist es viel einfacher, zur Ruhe zu kommen und zu staunen …

Das Bründl plätschert beim Herrbauer

AM POGUSCH

Bründlweg

„Wo der St. Lorenzer-Fuchs und der Turnauer-Hase gute Nacht sagen"

An 22 „Bründln" führt der Romantische Bründlweg durch die Wälder und Wiesen über den Pogusch. Kühe, weite Aussicht und Wald!
Die traditionellen Gehöfte, die seit Generationen bewirtschaftet werden und nun als Bründlweg-Bauern zur Einkehr laden, machen gemeinsam mit dem berühmten Wirtshaus Steirereck den Weg zur kulinarischen Erlebnisstrecke.

Die blauen Flaschen weisen den Weg.

Schaukel, Wasserräder, Schlammpfad:
Jetzt ist Spielpause!

Das kleinste Wildtiermuseum

13. DER ROMANTISCHE BRÜNDLWEG

VON HOF ZU HOF

Start + Ziel: Parkplatz beim Steirereck am Pogusch, Turnau, über Kapfenberg
Gehzeit: ca. 3,5 Stunden
Länge: 10 km
Schwierigkeit: leichter Familienwanderweg
Einkehr: 8 Einkehrstationen, von der einfachen Jause bis zur Luxusgastronomie
Wegbeschaffenheit: Waldwege
Kinder: für die ganze Familie

Der Rundweg beginnt am Parkplatz beim Steirereck gleich mit einer Attraktion: dem Unterwassersteg. Barfuss im knöchelhohen Wasser marschieren! Danach führt uns der Weg in den Wald, vorbei an der Herzerlbank und an Wasserrädern. Bald erreichen wir den Friedmanner, einen Hof aus dem 13. Jhd. Recht eben geht's weiter und nach ungefähr 1,5 Stunden kommen wir zum nächsten Hof, dem Schäffer Huber. Nach einer weiteren Stunde haben wir den Hocheggerhof passiert und den Rührer Hof erreicht. Dann am Herrbauer vorbei, entdecken wir das kleinste Wildtiermuseum, eine Hütte voller Krickerl und präparierten Wildtieren. Vom Himmelreichbauern (bewirtschaftet seit 500 Jahren) könnte man noch einen Abstecher zur Himmelreich-Kapelle machen oder gleich weiter, an der Stieglitzhütte vorbei, zum Ausgangspunkt, den wir nach ca. 3,5 Stunden wieder erreichen.

Tim: „Besser Ziegen füttern als Ziegen essen!"

„Griaß di" im Wirtshaus Steirereck

STEIRISCH ESSEN!

Das Wirtshaus Steirereck der Familie Reitbauer bietet steirische Küche auf Haubenniveau mit den besten Zutaten aus der eigenen Landwirtschaft und aus der umliegenden Region. Die Tiere kann man rundum auf den Weiden besuchen. Wanderer sind willkommen, aber ohne Reservierung geht es kaum. Wer einfach und gemütlich jausnen will, kann in einem der sieben Gehöfte, die der Bründlweg verbindet, einkehren. Gemütlich und urig sind sie alle, die Entscheidung fällt nicht leicht!
Alle Öffnungszeiten auf www.bründlweg.at

Horch! Die Eule!

Nachts draußen unterwegs sein ist so spannend!
Selbst eine vertraute Umgebung wie der eigene Garten wirkt
dann äußerst geheimnisvoll ...

Pscht! Einmal ganz still und leise sein –
kannst du die Geschöpfe der Nacht hören?
Was raschelt da? Was schmatzt dort drüben –
ist es der Igel? Wir nähern uns ganz vorsichtig,
wir wollen die Tiere der Nacht nicht stören.
Schau, dort ist ein Glühwürmchen!

Schuhu-
Schuhu!

Nachts sind alle Katzen schwarz

1. Finsterer Waldspaziergang

Im Gänsemarsch durch den dunklen Wald. Wir nehmen ein langes Seil, das alle in der Hand halten, und marschieren leise durch die Dunkelheit. Alle Sinne werden geschärft – die Ohren gespitzt! So tasten wir uns vorwärts. Wir spüren die Nacht ganz intensiv und neu!

2. Blick in den Himmel

Wer kennt die Sterne?
Wer findet den Großen Wagen? Auch der Polarstern ist schnell entdeckt. Oder: Sternbilder vorbereiten und dann gemeinsam am Nachthimmel suchen. Am Lustigsten aber: Eigene Sternbilder entdecken: „die dicke Kuh" oder „der tanzende Besen".
TIPP: Im August zur Zeit der Meteoritenschauer (Perseiden) lohnt sich der Blick in den Himmel doppelt – Sternschnuppen sind dann zahlreich.

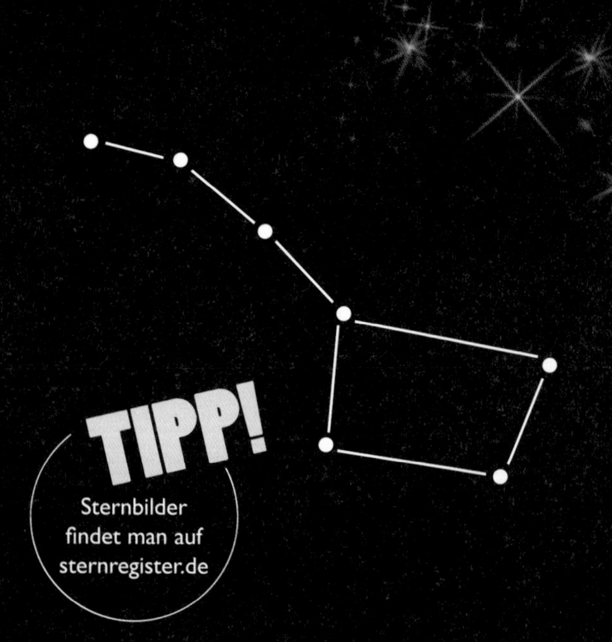

Tiere der Nacht

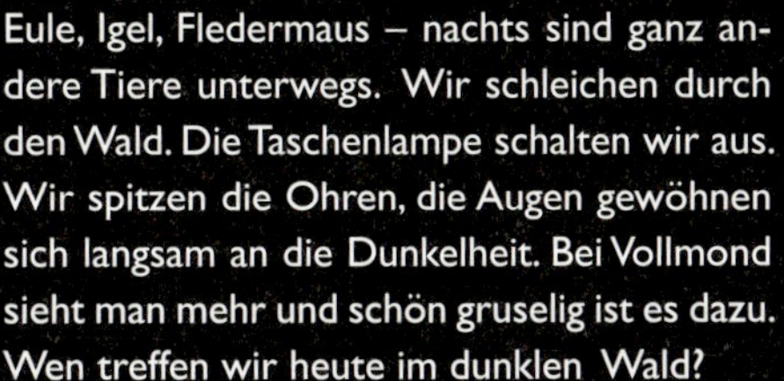

Eule, Igel, Fledermaus – nachts sind ganz andere Tiere unterwegs. Wir schleichen durch den Wald. Die Taschenlampe schalten wir aus. Wir spitzen die Ohren, die Augen gewöhnen sich langsam an die Dunkelheit. Bei Vollmond sieht man mehr und schön gruselig ist es dazu. Wen treffen wir heute im dunklen Wald?

Feuer machen

Fehlt der eigene Garten, sucht man einen öffentlichen Feuerplatz. Wir achten beim Feuermachen natürlich auf die Sicherheit, in der Nähe sollen keine trockenen Gräser oder Büsche sein, auch unter Bäumen macht man kein Feuer. Praktisch ist eine Feuerschale.

Gemütlich um das Feuer sitzen und in die Flammen starren. (Grusel)Geschichten erzählen oder Stockbrot, Würstel und Bratäpfel zubereiten. Super Sommeridee: Im Garten übernachten: Isomatten und Schlafsäcke rund ums Feuer ausbreiten und einfach in den Sternenhimmel schauen!

WEINLAND
Wo der Himmel so weit ist

BIOBUSCHENSCHANK &

Sulztal-runde

Wo die Sonne öfter deine Nase kitzelt ...
Verträumte Weingärten, sonnige Hügel – viel zu schön, um nicht zu verweilen!

Genussvolles Wandern mit Einkehr bei der Buschenschank ist einfach ideal für Familien. Meist ist viel Platz am Hof und rundherum, die Kinder können sich beim Spielen frei und unabhängig bewegen, während sich die Erwachsenen ganz den kulinarischen Genüssen widmen.

14. SULZTALER RUNDWANDERWEG

GENUSSVOLLE RUNDE

Start + Ziel: Bioweingut Knaus im Sulztal
Gehzeit: ca. 2 Stunden
Länge: 6 km
Schwierigkeit: einfache Wanderung
Wegbeschaffenheit: Wald- und Wiesenwege, teils durch Weingärten, teils auf der Straße
Einkehr: mehrere Buschenschänken entlang des Weges
Kinder: für die ganze Familie

0+

Da schmeckt die Jaus'n!

Vom Bioweingut Knaus führt der Weg steil ansteigend zur Buschenschank Hofman. Von dort folgen wir der Straße in westlicher Richtung zur Buschenschank Prettner. Der Wegweiser am Parkplatz zeigt uns den Weg bergab durch Weingärten ins Sulzbachtal. Die Buschenschank Liebmann wird südseitig umrundet. Nach einem kurzen Waldstück treffen wir auf die Zufahrtsstraße zur Buschenschank Dreisiebner Stammhaus. Ihr folgend erreichen wir nach rund 700 Metern die Buschenschank Trunk. Von dort führt der Weg gemütlich zurück zum Ausgangspunkt. Der Weg ist durchwegs gut markiert als „Sulztaler Rundweg". Man kann ihn genauso gut in die Gegenrichtung marschieren.

Tipp für Veggies: Bei der Biobuschenschank Knaus werden auch eine vegetarische und eine vegane Brettljaus'n serviert.

Ruckizucki geht's bergab

VOLLE PULLE!

Kinder haben ihr eigenes Tempo! Es macht Spaß auszutesten, wie schnell man bergab laufen kann, und wenn zuletzt alle runterpurzeln, muss man so lachen, dass der Bauch wehtut.

JETZT HERBSTELT'S SCHON A BISSERL

Keine Frage, Buschenschankzeit ist im Herbst. Wenn die Weinlese vorüber ist und im September oder Oktober langsam die Blätter beginnen, sich zu färben. Die Zeit ist reif für Sturm und Kastanien und wenn dann noch einmal die Sonne so richtig schön wärmt – das sind die schönsten Tage im Weinland! Obwohl die Jaus'n schmeckt schon auch im Sommer und im Frühling ...

Schöner Weg am Weinberg entlang

Die Vögel sammeln sich.

Meditative Kulturlandschaft

ÜBER DEN BOCKBERG ZUM

Bockmoar

Ein schöner Spaziergang über Wiese, Wald und Felder. Gut möglich vom Frühling bis zum Spätherbst. Genussfaktor: sehr hoch!

Die Buschenschank Bockmoar am Bockberg bei Wildon ist wohlbekannt bei vielen Grazern.
Wen wundert's? Es ist einfach schön, hier bei der freundlichen Familie Jöbstl-Arbeiter Gast zu sein! Der beschauliche Garten, die wunderbare Buschenschankjause, der feine Wein! Die Kinder lieben den gemütlichen, riesigen Hofhund und den Spielplatz weit weg von der Straße. Versteckenspielen im Weingarten macht Spaß!

Blick nach Norden über das Grazer Feld

Mmmh – Erdbeeren am Wegesrand!

Schau – ein schillernder Käfer!

15. VON WILDON ZUM BOCKMOAR

ÜBER DEN BOCKBERG

Start: Bahnhof Wildon (von Graz auch perfekt mit der S-Bahn erreichbar)
Gehzeit: ca. 1 Stunde
Länge: 4 km
Schwierigkeit: einfacher Wald- und Wiesenweg, teils auf der Straße
Einkehr: Buschenschank Bockmoar
Kinder: für die ganze Familie

0+

Beim Bahnhof Wildon überqueren wir die Bundesstraße 67. An Schule und Musikheim vorbei, biegen wir nach ungefähr 500 m rechts in die Straße „Am Reinbach", welcher wir bis zu einem alten Gehöft folgen. Hier führt der Weg über eine kleine Holztreppe weiter in einen ansteigenden Wiesenweg. Nach kurzer Zeit erreichen wir die Straße „Am Schlossberg". Ihr folgen wir nach Unterhaus (gelbe Markierung). Hier geht die Straße über in einen Weg am Waldrand entlang, wo sich wunderbare Ausblicke nach Norden übers Grazer Feld auftun. Schließlich leitet der Weg hinein in den Wald, immer leicht ansteigend bis zum Ziel, der Buschenschank Bockmoar am Bockberg.
Dieser Ausflug ist genial, weil er gerade richtig ist für einen halben Tag. Er verbindet Naturerlebnis mit etwas Bewegung, Entspannung und Kulinarik. Außerdem funktioniert die Anbindung mit der S-Bahn von Graz sehr gut, so macht es Spaß, mit dem Zug unterwegs zu sein.

Der lichte Buchenwald am Buchkogel

BLICK ZURÜCK

Der Buchkogel und der Bockberg, zusammen Hengist genannt, liegen genau zwischer Grazer Feld im Norden und Leibnitzer Feld im Süden. Das Gebiet ist historisch interessant. Schon in der Jungsteinzeit gab es erste Besiedlungen in diesem Gebiet. Am Bockberg wurden von Archäologen Reste einer Feuerbestattung entdeckt und der Kupferzeit um 6000 v. Chr. zugeordnet. Nahe der Schule wurde ein frühgeschichtliches Gräberfeld gefunden. Die Fundstücke daraus können im Museum Schloss Wildon, direkt im Ort, besichtigt werden.

Einige Tische warten mitten im Weingarten.

Wir lieben ihn!

TIPP!

Buschenschank Bockmoar
Bockberg 1, Wildon

Die Buschenschankjause vom Bockmoar kann sich sehen lassen! Perfekte Brettljause, aber auch schöne Sommersalate, Käferbohnen, genau wie sie sein sollen, und Mehlspeis wie bei der Oma. Resches Buschenschankbrot, frisch gebacken in extragroßen Laiben. Der Wein, ganz fein – Gelber Muskateller ist unser Favorit!
Geöffnet Mi–So ab 13 Uhr

Die Südsteiermark zählt zu den sonnigsten Regionen Österreichs – das spezielle Klima macht die Region zum Weinland.

SVETI DUH = HEILIGER GEIST

Heiligengeist-klamm

Durch die Klamm zur slowenischen Wallfahrtskirche und weiter – dies- und jenseits der Grenze.

Ein Ausflug nach Slowenien! Die Wanderung durch die Heiligengeistklamm führt über die Grenze zur Wallfahrtskirche Sveti Duh (was „Heiliger Geist" in slowenischer Sprache bedeutet). Eine schöne Runde: steil die Klamm hinauf und gemütlich über die Weinhänge wieder zurück.

16. HEILIGENGEISTKLAMM NACH SVETI DUH

DIE 2-LÄNDER-RUNDE

4+

Start + Ziel: Leutschach Schlossberg Ölpresse Resch Spitzmühle Parkplatz 4
Gehzeit: ca. 4 Stunden
Länge: 11 km
Schwierigkeit: mittelschwere Wanderung
Einkehr: Weingut und Buschenschank Oberguess, April – Mitte November, Gostilna Koca Breza, Bife Nada
Wegbeschaffenheit: steile Steige in der Klamm, dann einfache Wald- und Wiesenwege
Kinder: ungefähr ab vier, einfach, aber weit
➼ Reisedokumente zur Sicherheit mitnehmen

Über die Landesgrenze!

Ein richtig idyllischer Rundwanderweg! Der Parkplatz Spitzmühle (als P4 beschildert) liegt direkt am Einstieg der Heiligengeistklamm. Der Weg durch die Klamm ist im ersten Abschnitt gleich dem Schlossberger Mühlenweg, im zweiten Teil folgt er dem Bach über Felsen und Steine, immer am Wasser, bergauf. Nach etwa 1,5 Stunden kommen wir aus dem Wald und eine schöne große Weide mit Kühen tut sich auf. Wir folgen dem Wiesenweg, passieren einen Bauernhof und erreichen bald den Grenzübergang. Die Wallfahrtskirche Sveti Duh ist jetzt schon zu sehen. Auf slowenischer Seite folgen wir erst der Straße und dann einer Stiege hinauf zur Kirche. Hier haben wir auf 903 m den höchsten Punkt unserer Wanderung erreicht. Am markanten Grenzstein XI/1 beginnt der Abstieg am Waldrand entlang. (Tipp: Dieser Wald ist ein richtiger Pilzwald, zur richtigen Jahreszeit lohnt es sich reinzuschauen.) Jetzt ist der Weg mit dem beschilderten Grenz-

panoramaweg ident. Immer wieder an Grenzsteinen vorbei, erreichen wir den Kurihof, einen Bioschafbauern, mit seinem sympathischen Selbstbedienungskiosk. Wir sehen Hochlandrinder, großartige Aussichtspunkte und schöne Weingärten. Am nächsten Hügel erkennt man schon die Buschenschank Oberguess. Aber erst noch den Hügel runter, im Wald an der neu errichteten Guess-Mühle und an den Krampl-Teichen vorbei, bis wir den wunderschön renovierten Hof mit der unglaublichen Aussicht erreichen. Einkehr unbedingt empfohlen! (Klassewein, schöne Jause!) Der Abstieg führt wieder zurück an Teich und Mühle vorbei. Dort im Wald weist ein Schild den Weg Richtung Spitzmühle P4, welchen wir nach einer weiteren halben Stunde Gehzeit, teils auf der Straße, teils im Weingarten, erreichen.

Trinkwasser? Tim hat Durst, geschadet hat's nicht.

Wallfahrtskirche Sveti Duh und der Grenzstein XI

BEIM OBERGUESS

Was für ein Platz – was für eine Aussicht!

Seit 2010 hat Junior Christian Krampl die Führung übernommen. Der Papa ist noch tatkräftig dabei. Christian ist ein Besessener in Sachen Weinbau. Hier werden keine Herbizide verwendet. Empfehlung: Sauvignon terra S, kosten und genießen! Die nächste Generation ist auch schon da. Spielt gerne mit Gastkindern und teilt auch mal das Bobbycar und den Tret-Traktor.
www.oberguess.com

Charmantes Pausenplatzerl

Hühner im Glück – mehr Bio gibt's nicht

WESTSTEIRISCHER RUNDWEG

Wunder-Wander-Weg

Gar nicht weit von Graz findet man beim Weinhof und Buschenschank Dorner einen Ort, wo alles stimmig ist: die Leute, der Hof, die Umgebung. Schön ist es hier und mit dem Wunder-Wander-Weg ergibt sich die perfekte Verbindung aus Bewegung und Kulinarik.

Der Blick, weit in die Weststeiermark. Beim Spazieren durch die Kulturlandschaft die Jahreszeiten spüren. Frisch gemähtes Heu riechen, im Wald Kastanien klauben oder die Krähen beobachten, wenn sie sich im November sammeln.

17. WUNDER-WANDER-WEG

WEIN + WANDERN

Start + Ziel: Buschenschank Dorner in Reiteregg bei Hitzendorf
Gehzeit: ca. 1–1,5 Stunden
Länge: 3,6 km
Schwierigkeit: schöner Spazierweg
Einkehr: Buschenschank Dorner
Wegbeschaffenheit: einfache Wald- und Wiesenwege, teils Straße
Kinder: für die ganze Familie, aber nicht buggytauglich

Der Wunder-Wander-Weg ist ein gut beschilderter Weg durch Wald, Weinhänge und Wiesen, an dem einige von örtlichen Künstlern errichtete Kunstobjekte erlebt werden können. Eigentlich laut Schildern in die gegengesetzte Richtung gedacht, so finden wir es aber schöner. Los geht's beim sorgsam renovierten Hof der Buschenschank Dorner. Wir wenden uns nördlich am Bioweinhof Loacker vorbei und folgen den auffallenden gelben Hinweisschildern, die uns bald von der Straße in einen Wiesenweg zur Osterkreuzkapelle führen. Weiter folgen wir dem Weg durch ein Waldstück ins Tal, über eine Wiese und stoßen dann an ein Wildgehege. Wieder im Wald queren wir bald einen Bach über eine kleine Holzbrücke und kommen an eine Kuhweide. Hier führt der Weg nun bergauf, mitten durch einen Bauernhof hindurch. Rundum schöne Ausblicke! Weiter vorbei an Wein- und Obstgärten und schließlich über die Straße zurück zur Buschenschank Dorner.

Der Ursprung des Hofs reicht ins 17. Jh.

Ein wunderbarer Platz! Der schöne Hof wurde sorgsam renoviert und hat viel Atmosphäre. Im Garten sitzt man unter dem alten Lindenbaum oder auf der Holzterrasse, die einen Ausblick über die Weinhänge weit in die Weststeiermark bietet. Der Wein ist fein und die Wirtsleut' sind bezaubernd. ♥

Pfirsichsaft und Strauben. Brettljaus'n und Käferbohnen auch! Klare Empfehlung!

Der schöne Garten mit Spielplatz

IM WEINBAUGEBIET SAUSAL

Um die Kreuz-kogelwarte

Die Weinbauschule am Silberberg ist Ausgangspunkt für diese gemütliche Wanderung in idealer Weinlandschaft.

Die Sonne tränkt den Boden – so ist dieser Ort oft der wärmste Punkt in Österreich. Wem beim Wandern zu warm wird, der kann sich zum Abschluss beim Bad im Sulmsee, der gleich nebenan liegt, abkühlen.

Toskanaflair beim Kieslinger am Kogelberg

An der warmen Hauswand in der Sonne sitzen

Kieslingers hübsche Hausschweine

18. SILBERBERG UND KOGELBERG

ZUR KREUZKOGELWARTE

Start und Ziel: Weinbauschule Silberberg
Gehzeit: ca. 2 Stunden
Länge: 5–6 km
Schwierigkeit: leichte Weinbergwanderung
Einkehr: Buschenschank Kieslinger
Kinder: für die ganze Familie

0+

Der Weg beginnt direkt an der Weinbauschule Silberberg. Hier steht der heilige Urbanus, der Schutzpatron der Weinbauern, als übergroße Metallstatue. Wir lassen ihn links liegen und folgen dem Weinlehrpfad in den Schaugarten der Schule, wo Hinweistafeln und Schauobjekte Informationen rund ums Thema Wein geben. Nach einem kurzen Steilstück erreichen wir die Silberbergwarte, ein wunderbarer Aussichtsplatz. Weiter verläuft der Weg am Höhenrücken des Kogelberges, und bald erreichen wir die Kreuzkogelwarte, von deren Plattform sich wieder ein Panoramablick rundum bietet. Von der Warte sind es nur wenige Minuten zur Buschenschank Kieslinger, die malerisch am Hügel sitzt. Hier versteht man, wo der Begriff „Steirische Toskana" herkommt. Für Kinder gibt es einen Spielplatz und viel Platz zum Herumsausen. Küche und Wein sind exzellent. Zurück geht's am selben Weg, denn leider ist der alte Rundweg über den Kittenberg mit der Lorberkapelle, ein wunderschöner Ort, heute voller Verbotsschilder und nicht mehr begehbar – privat, na ja ...

Die Kreuzkogelwarte

Wenn der Herbst das Weinlaub färbt

Es gibt noch so viel zu entdecken!

TIERE – ACTION – ABENTEUER

Der Wilde Berg

Jeden Sommer Pflichtprogramm – wilde Abenteuer am Wilden Berg! Langeweile? Sicher nicht!

Ein Erlebnis toppt das nächste! Mit dem Sessellift geht's auf den Berg hinauf. Schon auf der Fahrt über die Gehege lassen sich die ersten Tiere blicken, mittenrein in den Wildpark. Hier gibt es über 270 Alpentiere zu bestaunen!

Doch das war erst der erste Streich, denn jetzt wartet im Spielpark die volle Action: Rutschen, Wasserspiele und verschiedene Bahnen laden Kinder zum Austoben ein.

Auch das war noch nicht alles: Zum Abschluss flitzen wir mit der Sommerrodelbahn oder dem Mountain-Kart ins Tal.

Rauf geht's mit dem Sessellift

Runter auf der Rodelbahn

Am Kinder-Bauernhof darf man auch die flauschigen Haserl füttern und die borstigen Schweinchen kraulen. Der freche Ziegenbock zeigt deutlich, wenn es ihm reicht – määäh!

19. AM WILDEN BERG

BÄREN, WÖLFE & CO.

Anfahrt: Autobahnabfahrt A9 Mautern
Park liegt direkt an der Abfahrt
Öffnungszeiten:
Mitte April bis Ende Oktober, tägl. 9–18 Uhr
Einkehr: Gaststube Steinbockalm (beim Spielpark) und Bärenstube (bei der Lift-Talstation)
Kinder: ohne Altersbeschränkung
Ganztages-Programm
www.derwildeberg.at

0+

Jauuuuuh

An der Bergstation des Sessellifts startet die Alpensafari. Von Luchs, Fuchs und Wildkatze durchs Steinwildgehege, vorbei an den Bären und Wölfen, wandern wir talwärts. Spannend: die unterirdische Wolfshöhle! Nicht versäumen sollte man die tolle 45-minütige Greifvogelflugschau. Adler, Gänsegeier, Falke und Uhu hautnah am Publikum! Der Falkner erzählt interessante Details zu den Tieren.

Bei den Tierfütterungen gibt es Gelegenheit, das Verhalten der Tiere zu beobachten und mit den Tierpflegern ins Gespräch zu kommen. Fütterungszeiten online oder an der Kassa.

Die nächste Station ist der Spielpark (Beschreibung auf der nächsten Seite). Am Kinder-Bauernhof warten Ziegen, Schweine und Hasen auf Streicheleinheiten. Die Steinbockalm bietet kulinarische Köstlichkeiten auf der großen Sonnenterrasse. Praktisch: In Sichtweite können Kinder am Spielplatz oder im Kinder-Stadl spielen. Der Kinder-Stadl ist ein Indoorspielplatz zum Klettern, Turnen und Heuhüpfen.

Danach folgt der nächste rasante Höhepunkt: die Talfahrt mit der Sommerrodelbahn, dem sogenannten Wiesengleiter (Kinder unter 7 Jahren nur in Begleitung) oder mit dem Mountain-Kart, einer Art Dreirad-GoKart (für Kinder über 12 Jahren).

ES IST NIE ZU SPÄT, DEIN EINHORN ZU SATTELN

DER SPIELPARK

Am Hochsitz kannst du dich selbst 9 Meter hoch in die Lüfte ziehen. Die Mondschaukel stellt die Welt auf den Kopf. Mit dem großen Platsch fährst du voll Karacho ins Wasser. Und die Einhornbahn, die ist so entzückend, selbst große Buben fahren heimlich gerne eine Runde. Aber pssst, nicht weitersagen! Kugelbahn, Riesenrutsche, Wilder Flug und Floßfahrt – im Spielpark ist volle Action angesagt!

Wir wollen

Spielen

Der Spielpark am Wilden Berg

KOPFÜBER + RUNDHERUM

WO EINST DIE GALLERIN LEBTE ...

KOMM IN DIE BURG

Riegersburg & Zotters Schoko

Hoch auf dem erloschenen Vulkanfelsen sitzt die Burg. Stolz und unbezwingbar, so trotzte sie jahrhundertelang allen Feinden.

Auf der Riegersburg gibt es allerhand zu entdecken: Zuerst wäre da die Burg an sich, komplett mit Zugbrücke, Burggraben, Prunkräumen und noch mehr. Dann gibt es den Burgschmied, die Greifvogelschau und gleich drei Museen, zu den Themen Burg, Waffen und Hexen.

Die Brücke über dem Burggraben 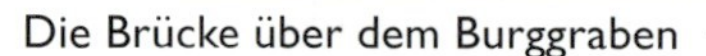

GREIFVOGELSCHAU

Nicht versäumen: Großartige Flugvorführung! Spektakuläre Sturzflüge, Spitzengeschwindigkeiten bis zu 300 km/h.
Die Greifvogelwarte auf der Riegersburg verpflichtet sich der artgerechten Tierhaltung. Alle Vögel dürfen täglich frei fliegen.

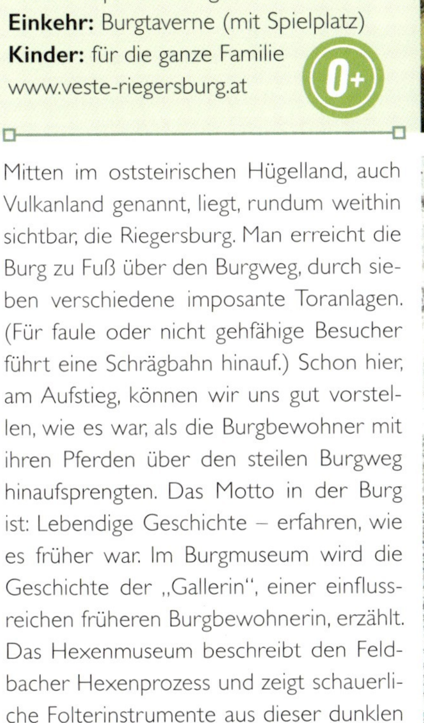

20. DIE RIEGERSBURG

HEXEN & RITTER

Burg Riegersburg, bei Fürstenfeld
Öffnungszeiten:
April u. Oktober tägl. 10–17 Uhr
Mai bis September tägl. 9–18 Uhr
Einkehr: Burgtaverne (mit Spielplatz)
Kinder: für die ganze Familie
www.veste-riegersburg.at

0+

Mitten im oststeirischen Hügelland, auch Vulkanland genannt, liegt, rundum weithin sichtbar, die Riegersburg. Man erreicht die Burg zu Fuß über den Burgweg, durch sieben verschiedene imposante Toranlagen. (Für faule oder nicht gehfähige Besucher führt eine Schrägbahn hinauf.) Schon hier, am Aufstieg, können wir uns gut vorstellen, wie es war, als die Burgbewohner mit ihren Pferden über den steilen Burgweg hinaufsprengten. Das Motto in der Burg ist: Lebendige Geschichte – erfahren, wie es früher war. Im Burgmuseum wird die Geschichte der „Gallerin", einer einflussreichen früheren Burgbewohnerin, erzählt. Das Hexenmuseum beschreibt den Feldbacher Hexenprozess und zeigt schauerliche Folterinstrumente aus dieser dunklen Zeit. Im Waffenmuseum sind Rüstungen, Schwerter, Hieb- und Stichwaffen bis hin zu Schusswaffen ausgestellt. Die Waffen stammen aus der Zeit vom Mittelalter bis ins 17. Jahrhundert. Einige Objekte sind zum Hantieren für die Besucher bereitgestellt. Ausprobieren ausdrücklich erwünscht!

Blick durch die Schießscharte

Ritterin Johanna

RITTER – WAFFEN – FOLTERKAMMER

Geschichte erleben! Das Motto kommt gut an: Ritterhelm probieren, Waffen testen, man kann das Ritterklo besichtigen und das Schlafzimmer der Burgherrin! Tipp: Lasst euch die Geschichte vom Eselssteig erzählen.

Den Bruder an den Pranger stellen

21. ZOTTERS SCHOKOLADENMANUFAKTUR

NASCHEN OHNE ENDE

Zotters Schokoladenmanufaktur mit Essbarem Tiergarten
Öffnungszeiten:
Montag bis Samstag 9–20 Uhr
Onlinereservierung empfohlen
www.zotter.at

0+

Der Weg von der Riegersburg zur Zotter Schokoladenmanufaktur in Bergl dauert gerade mal 5 Minuten. Lässt sich daher optimal verbinden. Auf dem Genussweg wandert man durch das Werk, vorbei an 16 Verkostungsstationen. Vom rohen Kakao, zur flüssigen Schoko bis zu den verschiedensten fertigen Produkten. Kein Wunder, dass so mancher für den Rundweg viel länger als die veranschlagten 1,5 Stunden braucht!

Tim liebt weiße Schokolade!

Etwas verrückt – so sieht sich Josef Zotter wohl selbst.

Nach dem Naschen tut etwas Bewegung und frische Luft gut – im Essbaren Tiergarten geht es um die Beziehung von Tier und Mensch unter dem Aspekt „Tiere essen". Tiere aus alten Nutztierrassen werden hier artgerecht gehalten und schließlich in der Biokantine von Zotter-Mitarbeitern und Besuchern verspeist.

Schwindelfrei?
Gut so!

HOCH HINAUS AM Wipfel-wanderweg

Über den Baumwipfeln dem Himmel ein Stück näher kommen! Der Wipfelwanderweg in Rachau zeigt den Wald aus ungewohnter Perspektive.

Hui, da geht's runter!

Den Wald von oben sehen! Bis zu 20 Meter über dem Waldboden führt der Wipfelwanderweg über Treppen, Türme und Stege durch die Waldlandschaft und bietet spektakuläre Ausblicke.

Der Weg mit 2,7 km Länge ist auch für kleinere Kinder gut schaffbar. Verschiedene Mitmachstationen sorgen unterwegs für Spaß.

SPIELSTATIONEN

Zapfen-Zielschießen, Bogenschießen, Waldxylophon, Ringewerfen und viele weitere Stationen laden zum Spielen und Mitmachen ein.

Runter geht's per Riesenrutsche!

22. WIPFELWANDERWEG RACHAU

WALD VON OBEN SEHEN

0+

Start: Rachau bei Knittelfeld
Gehzeit: ca. 1,5 Stunden
Länge: ca. 2,7 km
Einkehr: „Fuchs und Henne"-Wirtshaus am Eingang
Kinder: einfach – schon für die Kleinsten zu bewältigen
www.wipfelwanderweg.at

Aufisteig'n & obischau'n

Vom Eingangsgebäude führt der Weg über die erste Holzkonstruktion hinauf zum Sonnenweg. Hier spazieren wir am Waldrand, vorbei an etlichen Mitmachstationen, bis zur 148 Stufen hohen „Himmelsleiter". Oben befindet sich der Gratweg, der weiter durch den Wald bis zum Einstieg des eigentlichen Wipfelwanderwegs führt. Die beeindruckende Holzkonstruktion aus Lärchenholz umfasst 700 Stufen und bringt uns über mehrere Türme, Plattformen, Treppen und Stege schließlich 20 Meter über dem Waldboden zur 4 Meter langen, frei schwebenden Aussichtsplattform. 360°-Rundumblick! Hinunter rutschen wir über die Riesenrutsche (wer nicht mag, kann sie umgehen) und kehren über einen Forstweg zurück zum Eingang.

Volltreffer!

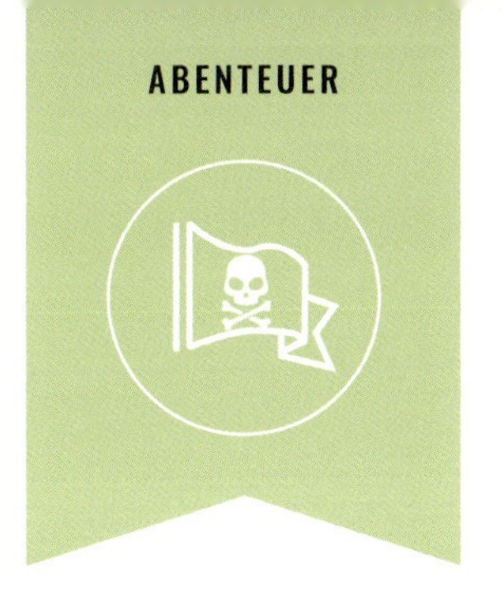

VOLLE ACTION!

Motorikpark in Gamlitz

Schaukeln, klettern, balancieren! Fitnesstraining in seiner schönsten Form: Auf spielerische Art werden Koordination und Kondition gestärkt.

Spaß und Erlebnis stehen hier im Mittelpunkt! 30 Stationen und über 100 verschiedene Übungsgeräte motivieren zur Bewegung. Da geht die Post ab! Wer nach der Anstrengung eine Abkühlung braucht, kann anschließend im Naturteich abtauchen.

JETZT
GEHT'S
LOS!

23. MOTORIKPARK IN GAMLITZ

SPORT, SPIEL + SPASS

Landschaftsteiche Gamlitz
Eintritt frei, kostenpflichtiger Parkplatz
Einkehr: Snackbar am Gelände, Buschenschänken in der Umgebung
Kinder: ohne Altersbeschränkung
www.gamlitz.at

0+

Der Motorikpark in Gamlitz ist der größte seiner Art, mit über 30 Stationen und mehr als 100 verschiedenen Übungsgeräten. Erstaunlichlicherweise zahlt man dafür keinen Eintritt! Nur eine stundenweise Parkgebühr ist am Parkautomaten zu entrichten. Der Platz ist jederzeit frei zugänglich. Um den gesamten Parcours zu bewältigen, muss man ca. 1–2 Stunden einplanen. Anschließend kann man sich mit einem Bad in den am Gelände liegenden Landschaftsteichen abkühlen. Viele nutzen das Areal auch zu einem Picknick. Man findet viele schöne Plätze, wo man sich niederlassen kann. Auch eine Snackbar befindet sich auf dem Gelände, die Erfrischungen, Snacks und Eis anbietet.

NICHT DEN BODEN BERÜHREN!

Dieses Spiel spielen wohl alle Kinder und genau darum geht's am Balancierparcours rund um den Teich. Es wird über verschiedene Hindernisse balanciert, wer schafft's ohne absteigen und ohne die Hindernisse mit der Hand zu berühren?

GAMLITZER BUSCHENSCHÄNKEN

Wohlfühlen und Genießen – Gamlitz ist ein Zentrum des Südsteirischen Weinlandes. In unmittelbarer Umgebung des Motorikparks befinden sich zahlreiche Buschenschänken. Es bietet sich an, den Ausflug mit einem Abstecher zur Buschenschank zu beschließen. Brettljaus'n, Käferbohnensalat, selbst gemachte Mehlspeisen und ein Achterl Muskateller, so wunderbar!

Buschenschank-Empfehlungen:
Trabos (sehr gute Jause)
Adam-Schererkogel (wunderschöne Lage und Panoramaaussicht)
Es lohnt sich auch, selbst auf Entdeckungsreise zu gehen. Schöne Plätze sind leicht zu finden, zahlreiche Hinweistafeln leiten den Weg.

Es klappert der Klapotetz!

Schönes Platzerl am Scherkogel

Der weltbeste Bohnensalat

Zum Glück hat
Baryonix schon einen Fisch!

ABENTEUER

DIE DINOS SIND LOS

Styrassic Park

**Abenteuer Urzeit!
Im Styrassic Park in Bad Gleichenberg sind die Giganten der Urzeit in Lebensgröße unterwegs. Aber Achtung: Der Spinosaurier lebt!**

Die Urzeit wird lebendig! Man hört ein Grummeln und Zischen – wird der Vulkan ausbrechen? Wer versteckt sich hier im Wald? Hey, das ist der Baryonix! Schau! Er hat einen Fisch aufgespießt! Der Größte ist aber der Brachiosaurus – Wahnsinn, ist der lang!

Unter den Flügeln des Quetzalcoatlus

24. STYRASSIC PARK, BAD GLEICHENBERG

GIGANTISCH

Dinoplatz 1, 8344 Bad Gleichenberg
Öffnungszeiten: April bis Oktober
9–17 Uhr
Im Winter fallweise Sa. und So.
Kulinarik: Dinorestaurant (Selfservice)
www.styrassicpark.at

0+

Viele Kinder sind fasziniert von der Welt der Dinosaurier. Der Styrassic Park zeigt über 80 Dinosaurier in Lebensgröße. Die Geschichte der Dinosaurier von der Entwicklung bis zum Aussterben wird hier erzählt und anschaulich dargestellt. Man schlendert auf dem 5 ha großen Gelände durch den Wald und bestaunt die lebensechten Figuren. Zusätzlich wird ein Rahmenprogramm geboten: Liveshow „Der lebende Spinosaurier", ein Dschungelkino, ein Spielpatz mit Riesenrutsche und Dinokarussell und ein Kreativprogramm, wo Kinder Dinozähne gießen und bemalen können.
Im neuen Baumhotel kann man (in Baumhäusern) übernachten und auch Kindergeburtstage können im Styrassic Park gefeiert werden.

KLETTERPARK

Für große Schwestern, die nicht so rasend an Dinosauriern interessiert sind: Genial! Der Kletterpark mit Kletterparcours, Seilrutsche und Flyingfox.

IM WINTER

So leise ist's im weißen Wunderland

BERGAB MIT SAUS UND BRAUS

Rodeln

Von den tollkühnen Abenteuern der jüngeren und nicht mehr ganz so jungen Rodlerinnen und Rodler wird an so manchem knisternden Kaminfeuer in dunkler Wintersnacht erzählt ...

Rodeln macht Spaß, das weiß doch jedes Kind! Es gibt kaum etwas Schöneres, als einen Wintertag draußen in der Natur bei einer lustigen Rodelpartie zu verbringen. Mit den Rodeln im Schlepptau gehen alle gern bergauf, denn die Vorfreude auf eine rasante Abfahrt verleiht Flügel beim Aufstieg ...

WICHTIG – DIE AUSRÜSTUNG!

Trocken und warm, sonst ist der Spaß bald vorbei! Wer mit der Rodel flitzt, kommt sicher in Direktkontakt mit dem Schnee. Daher kann man sich gar nicht genug einpacken: wasserdichte Stiefel, am besten in Verbindung mit Gamaschen, wasserdichte Handschuhe, Skihelm und Skibrille (Rodeln ist nicht ungefährlich).
Für den Aufstieg sind Schuh-Spikes nützlich.

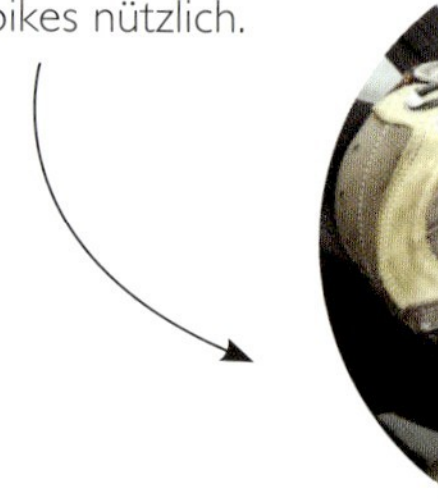

Das Rutschgerät ist Geschmackssache. Zipflbobs schätzen wir sehr, aber die schwarze Rennrodel ist der Geheimfavorit!

Lillys liebste Rodelstrecken

25. Schöckl

Start: Parkplatz Steingraben
Länge: 8 km
Höhendifferenz: 650 Meter
Für Auskenner: Nur bei besten Schneebedingungen möglich! Vom Parkplatz vor dem Steingraben folgen wir erst der Straße bis zur Forststraße. An der ersten Kreuzung gerade in den Steingraben. Am Ende des Grabens wieder auf der Forststraße, dann queren wir eine Wiese, passieren die Göstingerhütte und gelangen zur Johann-Waller-Hütte. Schließlich über die „Schneid" zum Gipfel. Abfahrt am selben Weg, jedoch fahren wir nicht durch den Steingraben, sondern über die Forststraße ab.

26. Salzstiegl

Start: Salzstiegl, Parkplatz
Länge: 2 km
Höhendifferenz: 200 Meter
Die beleuchtete Rodelstrecke ist täglich von 10–22 Uhr befahrbar. Die Bahn wird präpariert und beschneit. Tickets für das Rodeltaxi kauft man in der Rodelhütte gleich beim Parkplatz. Man kann auch die Straße entlang, 3 km bergauf, zum Start der Rodelbahn marschieren. Verleihrodeln werden in der Rodelhütte vermietet. Die Fahrt beginnt langsam, aber nach der ersten Kurve geht's dann richtig los! Einkehr: Salzstieglhaus, oben, oder Moasterhaus, unten.
www.salzstiegl.at

27. Klinke-Hütte

Start: Kaiserau bei Admont
Länge: 5 km
Höhendifferenz: 400 Meter
Direkt vom Parkplatz Kaiserau führt die Mautstraße zur Klinke-Hütte. Im Winter ist sie für den Autoverkehr gesperrt und dient als Naturrodelbahn. Mit 5 km die längste der Region! Der Aufstieg am markierten Weg Nr. 3 führt in ca. 1,5 Stunden auf schönem Weg zur Klinke-Hütte. In der gemütlichen Hütte kann man sich, vielleicht bei einer heißen Schoko, aufwärmen und dann los! Der Hüttenwirt präpariert die Strecke. Ca. 20 min Fahrzeit!
www.kaiserau.at

WO ANDERE SKIFAHREN

Der Schönberg im Lachtal

Ein Gipfel, mitten im Windpark. Bei klarer Sicht mit Ausblick weit in die Niederen Tauern.

Wenn man nicht gerade eine Skitour unternehmen oder Schneeschuhwandern will, gibt es im Winter weniger Möglichkeiten, auf den Berg zu gehen. Den Schönberg im Lachtal kann man besteigen, indem man dem Skiweg folgt.

Das Tanzstatt-Kircherl

Am Schiweg bergan zum Gipfel

28. SCHÖN IST DER BERG!

AUF DEN SCHÖNBERG

Start: Talstation Skigebiet Lachtal
Gehzeit: ca. 1 Stunde zum Gipfel
Länge: 3 km
Schwierigkeit: wenig schwierig, wichtig sind griffige, wasserdichte Schuhe
Einkehr: GH Futtertrögl
Kinder: für die ganze Familie

0+

Vom großen Parkplatz gegenüber der Talstation des 6er-Sessellifts gehen wir ein paar Schritte Richtung Osten, den Schlatterer Bach überquerend bis zu einer breiteren Asphaltstraße. Am Alpengasthof Tanzstatt vorbei, rechts haltend, folgen wir dem Schild „Zur Rodelbahn". Nach ca. 1 km erreichen wir den Einstieg zur Rodelbahn, wir queren aber die Wiese und treffen auf den Skiweg Nr. 13, dem wir bergan folgen. Achtung Skiverkehr! Auch etliche Skitourengeher folgen diesem Weg. In einigen Serpentinen führt der Weg zum Gipfel und zur Bergstation des Skilifts. Dahinter blickt man auf die Windräder des Tauern-Windparks. Wenn man die Wanderung so anlegt, dass man nach Liftbetrieb am Gipfel ist (16 Uhr), kann man runterrodeln und die Lachtal-Rodelbahn an der Hirzmann-Alm gleich mitnehmen.

Fast am Ziel

Gaberl 45 min 505
Salla 2 1/2 h 505/57
Gleinalpe 05/E6
NOTRUF 140
SCHUTZ
GEBIET
Via Alpina

WINTERWANDERWEG

Altes Almhaus & Salzstiegl

Rauf in die Sonne!
Wenn im Winter der Hochnebel über der Stadt hängt und alles grau erscheint, ist es Zeit, auf den Berg zu fahren. Ein paar Stunden Wintersonne schnuppern tut richtig gut!

Im Schnee spielen – das wird nie fad! Am schönsten, wenn es unten noch gar keinen Schnee gibt. Also im November oder Dezember, wenn es auf den Bergen zum ersten Mal geschneit hat, den ersten Schnee des Jahres erleben!

Das Alte Almhaus – wo die Terrasse auch im Winter oft voll besetzt ist

Hurra, der erste Schnee!

Rutschblätter hängen immer am Rucksack!

29. VOM ALTEN ALMHAUS ZUM SALZSTIEGL

AUF DER STUBALPE

Start: Wirtshaus Altes Almhaus, über Köflach und Maria Lankowitz
Gehzeit: ca. 2 Stunden zum Salzstiegl, hin und retour 4 Stunden
Länge: 3,6 km
Schwierigkeit: einfach, flach
Einkehr: Altes Almhaus, Salzstieglhaus
Kinder: für die ganze Familie

0+

Das Almwirtshaus Altes Almhaus liegt auf 1649 Metern und ist ganzjährig bewirtschaftet. Auch eine Übernachtung ist hier möglich. Auf der gemütlichen Sonnenterrasse kann man bei schönem Wetter sogar im Winter draußen sitzen. Im Sommer grasen gleich nebenan die Lipizzanerpferde auf ihrer Sommerweide. Der Weg, zum Salzstiegl, der mit der Nummer 505 markiert ist, ist ein Teil des Weitwanderweges Koralm-Kristall-Trail. Er führt flach über Almwiesen, teils verläuft er im Wald. Die Aussicht ist rundum grandios! Am Salzstiegl lädt das Salzstieglhaus zur Einkehr. Zurück geht's am selben Weg, daher kann man beliebig abkürzen.

Im Schnee spielen!

DAS „SCHNEELOCH"

Am Gaberl

**Massenhaft Schnee!
Das ist der Traum vieler Kinder – wenn in der Stadt der Schnee schon wieder zum graubraunen Matsch geschmolzen ist, kann man am Berg die ganze winterliche Pracht erleben.**

Ein Winter wie früher – so lautet der Werbespruch der Region Gaberl. Verkehrt ist das nicht – ein Miniskigebiet für kleine Anfänger, Rodelbahn, Langlaufloipe und urgemütliche Gasthäuser. Das alles wirkt wie aus der Zeit gefallen und die Erwachsenen denken zurück an ihre Schulskikurse.

So viel Schnee!

Entzückende Huskywelpen!

HUSKY CAMP

Sibirische Huskys, die schönen Schlittenhunde, kann man auf der Stubalpe beim Alten Almhaus treffen.
Alex Serdjukov, Österreichs erfolgreichster Schlittenhundeführer, und sein Team betreiben hier das Huskycamp und bieten Huskytrekking und mehr an.
www.huskycamp.at

30. VOM GABERL ZUM ALTEN ALMHAUS

AM GABERL

Start: Parkplatz Gaberl
Gehzeit: ca. 2 Stunden hin und retour
Länge: 6 km
Schwierigkeit: einfach, flach
Einkehr: Altes Almhaus, Gaberlhaus, Sportgasthof Lipp
Kinder: für die ganze Familie

Vom Parkplatz Gaberl kann man entweder den markierten Wanderweg in der Nähe der Forststraße oder im Winter eher gleich auf der Forststraße durch den Wald zum Alten Almhaus wandern. Auch lohnt es sich, hier noch den Wölkerkogel mit seiner Statue als Gipfelkreuz zu besteigen. Der Weg ist recht flach und somit ein idealer Winterspazierweg. In einer Stunde erreicht man das Alte Almhaus. Wunderbar geeignet, um ganz kleine Kinder am Schlitten hinterherzuziehen. Unterwegs kommt man an einigen Windrädern vorbei. Wer Rutschgerät mithat, findet genügend Hänge zum Rodeln. Einkehren und aufwärmen kann man im Alten Almhaus oder direkt am Gaberl.

Wo ist das Reh hingelaufen?

Tierspuren im Schnee

Eine frische Schneedecke überzieht die Wiesen. Einige Tiere haben sich schon ihren Weg gebahnt. Hase, Reh und Fuchs waren hier! Sind Sie unterwegs, um Futter zu suchen? Oder sind sie am Weg in ihren Unterschlupf? Wer genau hinschaut, kann erkennen, wie sich das tierische Leben in der Natur abspielt. Im Schnee lässt sich gut erkennen, welche Tiere unterwegs sind. Manche, wie die Rehe, sind meist in Gruppen unterwegs. Hier treffen sich mehrere Fährten: Was ist passiert? Fand eine Begegnung statt? Wir können beobachten, wo die Tiere Hindernisse überwinden. Manchmal findet man Schalen oder andere Reste von ihrem Futter. Unter einer Fichte entdecken wir Hunderte Vogelspuren. Ganz klar, die Zapfen sind ein Leckbissen für die Vögel. Hier haben sie eine schöne Mahlzeit genossen.

Tierspuren verfolgen regt die Fantasie an. Man kann sich wunderbar Geschichten ausdenken: Wie leben die Tiere im Winter? Wohin hoppelt der Hase? Haben die Vögel schon Futter gefunden? Wann kommen die Rehe zur Futterkrippe? Oder wir versuchen möglichst viele verschiedene Spuren zu sammeln und fotografieren sie. Welche können wir erkennen? Zu Hause recherchieren wir die, die wir nicht erkannt haben. Oder wir zeichnen die gefundenen Spuren nach – gar nicht so schwierig!

SPUREN HEIMISCHER TIERE

Welche Tierspuren findet ihr in eurem Garten, welche im Wald? Fährtenlesen ist spannend und macht Spaß: Viel mehr Fährten findet man zum Beispiel auf www.naturschutz.ch

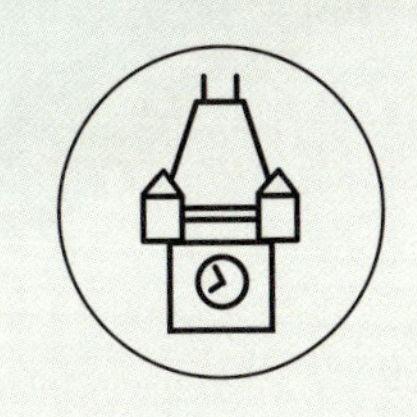

RUND UM GRAZ

Manchmal muss man gar nicht weit, weit weg!

VON JUDENDORF ZUR Ruine Gösting

Mit der S-Bahn nach Judendorf fahren, über den Berg zur Ruine Gösting wandern. Eine schöne Ganzjahreswanderung mit mehreren Höhepunkten.

Durch die Burg streifen und sich wilde Ritterabenteuer ausdenken. Gibt's hier gar einen Drachen, den die tapferen Ritter bekämpfen müssen, oder sollen sie erst mal die Prinzessin retten?

Diese Wanderung lässt sich in beide Richtungen gut unternehmen. Will man beim Straßengler Kirchenwirt einkehren, startet man eben in Gösting.

Maria Straßengel, Kirche aus der Hochgotik

Tröööt!

31. VON JUDENDORF NACH GÖSTING

ZUR RITTERBURG

Start: S-Bahnhof Judendorf
Ziel: Schlossplatz Gösting, GVB-Haltestelle
Gehzeit: ca. 2,5 Stunden
Länge: 8 km
Schwierigkeit: einfache Wanderung
Wegbeschaffenheit: Waldwege, Straße
Einkehr: Kirchenwirt Straßengel, Burgtaverne
Kinder: ca. ab 4 Jahren

4+

Vom S-Bahnhof über Bahnhofstraße und Grazer Straße kommend, besteigen wir den Kirchberg über den Kreuzweg zur Kirche Maria Straßengel. Dort überqueren wir den Kirchplatz und folgen der Straße weiter zum Friedhof. Am Friedhofsparkplatz weisen die gelben Tafeln den Weg Nr. 1 über die Reinerspitze. Wir folgen dem gut beschilderten Weg hinauf auf den Berg. Oben am Steinkogelsattel treffen wir auf den Weg 563. Der von Plankenwarth kommende Höhenweg verbindet Schloss Plankenwarth mit Gösting und läuft ab hier parallel zum Weg 1. Wir kommen am Annenbründl vorbei und weiter zur Burgruine. Kurzer Abstecher zum Jungfernsprung, dann folgen wir dem Ruinenweg bergab nach Gösting.

RITTER – KNAPPE – BURGFRÄULEIN

Die Burg wurde im 11. Jh. erbaut. Nach einem Brand im 18. Jh. wurde sie nicht mehr wieder aufgebaut. Erhalten sind heute die Kapelle, der Bergfried, der Fünfeckturm und einige Mauerreste. Den Turm kann man besteigen. Jedenfalls eignet sich der Platz, um sich Rittergeschichten auszudenken oder Sagen zu erzählen.

Blick von oben in den Burghof

HIMBEERKRACHERL

In der Burgtaverne werden die Gäste mit Suppen, kleinen Speisen und Mehlspeisen bewirtet. Obwohl es auf der Burg keinen Strom und kein fließendes Wasser gibt!

Im Sommer gibt's einen feinen Gastgarten mit Blick über die Stadt Graz.

Öffnungszeiten:
Di–Sa 10.30–18.00 Uhr

Mööööh!

TIERE, WALD & SPIELPLATZ

Am Lustbühel

Ein Ausflug, den auch die Allerjüngsten lieben. Auf dem schönen Rundweg durch die Kulturlandschaft trifft man eine Menge Tiere: Esel, Ziegen, Pferde, Kühe, Schafe und Hasen!

Tiere streicheln! Dem Esel die Nase kraulen, dem großen Pferd einen Grashalm hinstrecken! Die Begegnung mit den Tieren ist für Kinder immer aufregend. So kann sich diese kleine Runde zeitlich ziemlich ausdehnen! Macht nix – Eltern können sich inzwischen in der Mostschenke stärken und dabei den Nachwuchs im Blickfeld behalten.

Esel streicheln

In der Mostschenke gibt's Jause und Kuchen.

32. DIE LUSTBÜHEL-RUNDE

TIERBEGEGNUNGEN

Start + Ziel: Graz Waltendorf, Schloss Lustbühel
Gehzeit: ca. 45 Minuten
Länge: 1,5 km
Schwierigkeit: Spazierweg
Einkehr: Mostschenke Schloss Lustbühel
Wegbeschaffenheit: Wald- und Wiesenweg
Kinder: für die ganze Familie, besonders für die Kleinsten geeignet, die Wege sind größtenteils kinderwagentauglich

0+

Im Schloss sind ein städtischer Kindergarten und eine Kinderkrippe untergebracht.

Vom Schloss Lustbühel vorbei an der Mostschenke folgen wir dem Schotterweg rechts hinunter durch die Weiden, wo Esel, Ziegen und Pferde grasen. Weiter unten trifft man Kühe und Schafe. Hier gelangt man in ein kleines Wäldchen, wo der Weg rechts hinauf bis zum Observatorium mit seinen Kuppeln und Antennen führt. Wir umrunden das Observatorium, kommen an der eingezäunten Hundewiese vorbei und oberhalb der Schafweide gelangen wir zu einem kleinen Spielplatz mit Holzgeräten und Trinkbrunnen. Von hier erreichen wir nach wenigen Minuten wieder das Schloss.

KASTANIEN KLAUBEN

Der Wald rund um das Observatorium ist voller Kastanienbäume. Wenn man mit Kindern in den Wald geht, sollte man immer ein Sackerl mitnehmen, um Fundstücke einpacken zu können.

VOM STIFT REIN

auf den Plesch

Eine ordentliche Ganzjahreswanderung ganz in der Nähe von Graz. Sonnseitig gelegen mit Aussichtspunkten in alle Richtungen!

Der Plesch (1020 m) ist wirklich ein Aussichtsberg. Obwohl viele Wege im Wald verlaufen, tut sich immer wieder ein Ausblick auf. Mal blickt man Richtung Gleinalm, mal zum Wildoner Berg, sogar die Riegersburg ist in der Ferne zu erkennen!

33. AUF DEN PLESCH

AUSSICHT RUNDUM

Start und Ziel: Stift Rein
Gehzeit: ca. 4 Stunden
Länge: 14 km
Schwierigkeit: einfache, aber lange Wanderung
Einkehr: Pleschwirt, Stiftstaverne
Wegbeschaffenheit: Waldwege
Kinder: ca. ab 4 Jahren

4+

STIFT REIN, SEIT 1129

Das älteste Zisterzienserkloster weltweit beherbergt heute neben dem Kloster auch ein Gymnasium. Ein „Blick hinter die Klostermauern" ist möglich, die Mönche bieten täglich Führungen für Besucher an. www.stift-rein.at

Alles Getier zu mir, meint Paul.

Vom Stift Rein folgen wir zuerst dem Sonnseit'n-Weg (Markierung Nr. 31) rechts der Fahrbahn in den Wald. Dieser Weg verläuft, wie sein Name schon sagt, oft am Waldrand, immer sonnseitig. Daher ist er besonders im Herbst und Frühling zu empfehlen, wenn man Plätze sucht, wo man sich gut in der Sonne bewegen kann. Unterwegs passieren wir einige Höfe und Weiden und treffen auf Esel, Kühe und Ziegen. Im Wald trifft der Weg auf den Kehrerbach, dann steigt er steil an bis hinauf zur Ortschaft Kehr. Hier endet der Sonnseit'n-Weg. Nun folgen wir dem Weg 562, der weiter über Waldwege und Forststraßen direkt zum Pleschwirt führt. Zurück am selben Weg bis Kehr, ab hier bleibt man aber weiter am Weg 562 und gelangt so direkt nach Rein.

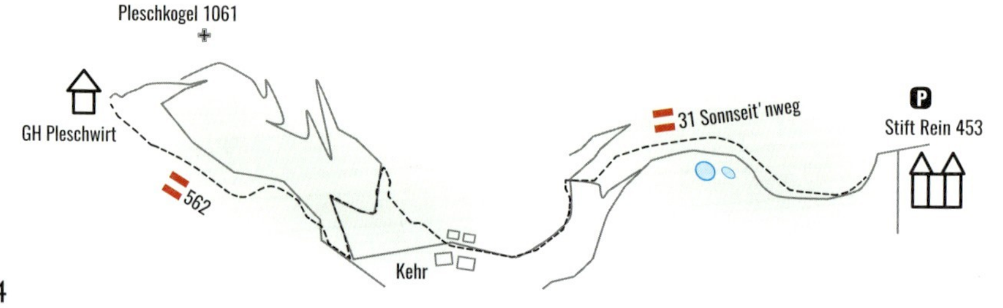

Blick übers Liebochtal
bis nach Wildon

TIPP!

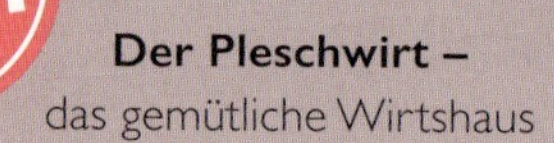

Der Pleschwirt –
das gemütliche Wirtshaus

Ein sympathischer Familienbetrieb, rustikale Hausmannskost wird hier serviert. Auch Veggies müssen nicht verhungern und wählerischen Kindern schmeckt's gut. Empfehlen lassen sich die hausgemachten Kuchen. (Wer kennt gebackene Mäuse?) Sehr schön sitzt man im großen Garten. Auch hier Aussicht ohne Ende!

Stilecht unterm Hirschgeweih

Ungewohnter Anblick, wenn Pferde am Boden liegen – vielleicht wegen des Winds?

Ein Naturdenkmal – die mächtige Linde vom Plesch

HAFLINGERPFERDE

Schon seit 70 Jahren werden am Plesch Haflinger gezüchtet. Seit 60 Jahren gibt es die „Reitergruppe Pleschkogel". Hier kann man Reitstunden nehmen. Reitturniere und der traditionelle Reiterkirtag werden vom Verein veranstaltet.

JOHANN & PAUL UND DIE RUDOLFSWARTE

Am Buchkogel

Der Buchkogel ist Teil der Hügelkette, die das Grazer Becken umschließt. Ganz in Stadtnähe kann man den schönen Wald auf vielen Wegvarianten erkunden.

Johann & Paul ist ein zauberhafter Ort! Umrundet man die kleine Kirche am Hügel, blickt man über die ganze Stadt. Am Fuß des Hügels liegt ein charmant rustikales Gasthaus mit vielen schönen Plätzen im Freien und gleich daneben ein netter, von Kindern sehr geschätzter Abenteuerspielplatz direkt am Waldrand.

Ausblick über die Stadt

Abenteuerspielplatz gleich neben dem Gasthaus

Hangeln macht Spaß!

34. VON JOHANN & PAUL ZUR RUDOLFSWARTE

AM BUCHKOGEL

Start: Parkplatz GH Johann & Paul
Gehzeit: 1 Stunde
Länge: 4 km
Schwierigkeit: einfacher Spazierweg
Einkehr: GH Johann & Paul
Kinder: für die ganze Familie

0+

Der Weg führt vom Gasthaus in den Wald und verläuft direkt am Zaun am Bundesheerübungsgelände entlang. (Manchmal ist der Lärm der Schießübungen zu hören.) Bald weisen die gelben Tafeln den Weg auf den Buchkogelsteig. Über Holzsteige geht's steil bergauf. Oben am Sattel erreichen wir nach einer weiteren Viertelstunde die Rudolfswarte. Ein schöner Aussichtspunkt, der, über eine Wendeltreppe besteigbar, einen Blick über Graz bietet.

Öffi-Variante: Start bei der Straßenbahnendhaltestelle 7 Wetzelsdorf. Über Steinbergstraße und Neupauerweg nach Johann & Paul, wie beschrieben zur Rudolfswarte, von dort aber weiter zum GH Orthacker und zum Schloss St. Martin. Ziel ist die Haltestelle Ankerstraße der Buslinie 33 (10 km, 2,5 Stunden). Alle Wege durch gelbe Tafeln gut beschildert.

Die Rudolfswarte

Sympathisches Gasthaus Johann & Paul

KLETTERN UND SPAZIEREN

im Leechwald

**Kraxeln, klettern, voll auspowern!
Mit den Flying Foxes abzischen!
Auf 7 Parcours ist Action angesagt.
Am nächsten Tag sind garantiert einige
Muskeln zu spüren!**

Der Leechwald – ein wunderschöner Wald mitten im Stadtgebiet. Der Roseggerweg durch den Leechwald ist einer der bekanntesten Spazierwege in Graz. Viele Läufer, Radfahrer und Spaziergänger sind hier unterwegs. Mit dem WIKI-Adventure-Park am Hilmteich gibt's hier für größere Kinder ein tolles Sportangebot.

Sichern ist wichtig!
Geübt wird am Boden – dann geht's hinauf –
7 Parcours –
5 Schwierigkeitsgrade
Für Kinder ab Größe 110 cm
Weitere Infos: **www.w-a-p.at**

Der Hilmteich: Bunte Koi-Karpfen und Enten schwimmen um die Wette. Einkehr im Café Purberg mit schöner Terrasse an der Teichpromenade.

Die Basilika von Mariatrost

35. DER SCHÖNE LEECHWALD

AM ROSEGGERWEG

Start: Hilmteich, GVB Linie 1
Ziel: Mariatrost; GVB Linie 1 Endstation
Gehzeit: ca. 2 Stunden
Länge: 5,5 km
Schwierigkeit: einfacher Spazierweg
Einkehr: Café Purberg am Hilmteich, Häuserl im Wald, Mariatroster Kirchenwirt
Wegbeschaffenheit: Schotterweg
Kinder: für die ganze Familie, buggytauglich

0+

Der Roseggerweg (Markierung Weg 706) beginnt an der Straßenbahnhaltestelle Hilmteich. Er führt vorbei am Teich, Kletterpark und an der Waldschule bergauf zur Hilmwarte, einem Backsteinturm. Nun wird der Weg flacher und man geht entlang des schönen alten Zaunes, der das LKH-Gelände einfasst. Der Weg wurde auch als „Weg der Menschenrechte" bezeichnet, unterwegs sind Tafeln aufgestellt, die die einzelnen Artikel der Menschenrechte verkünden. Schließlich kommen wir aus dem Wald, der Weg wird zur asphaltierten Straße, und wir passieren einige Häuser. Auch das beliebte Landgasthaus „Häuserl im Wald" befindet sich hier. Bald tritt der Weg wieder in den Wald. Nach einem kurzen steilen Abschnitt erreichen wir auf der Anhöhe das Gasthaus Roseggerhof. Schöne Ausblicke Richtung Stiftingtal und Schaftal tun sich auf. Jetzt fällt der Weg leicht, bergab durch den Wald. Am Ende des Waldes biegen wir nach links auf die Kirchbergstraße und erreichen nach wenigen Metern die Basilika Mariatrost.

STYRIA
BUCHVERLAGE

ISBN 978-3-222-13624-5

Bücher aus der Verlagsgruppe Styria gibt es
in jeder Buchhandlung und im Online-Shop
www.styriabooks.at

Covergestaltung: Andrea Schimek
Layout und Buchgestaltung: Andrea Schimek
Fotos: Andrea Schimek
Lektorat: Johannes Sachslehner

Druck und Bindung: GPS group
Printed in the EU
7 6 5 4 3 2 1